Franz Praetorius

Über den rückweichenden Accent im Hebräischen

Franz Praetorius

Über den rückweichenden Accent im Hebräischen

ISBN/EAN: 9783743657311

Hergestellt in Europa, USA, Kanada, Australien, Japan

Cover: Foto ©ninafisch / pixelio.de

Weitere Bücher finden Sie auf **www.hansebooks.com**

Franz Praetorius

Über den rückweichenden Accent im Hebräischen

ISBN/EAN: 9783743657311

Hergestellt in Europa, USA, Kanada, Australien, Japan

Cover: Foto ©ninafisch / pixelio.de

Weitere Bücher finden Sie auf **www.hansebooks.com**

ÜBER DEN

RÜCKWEICHENDEN ACCENT

IM HEBRÄISCHEN.

VON

FRANZ PRAETORIUS.

HALLE A. S.
BUCHHANDLUNG DES WAISENHAUSES.
1897.

Vorwort.

Zum Zwecke der folgenden Untersuchung habe ich einen sehr erheblichen Teil des masoretischen Textes durchgelesen, aber nicht den ganzen. Schon hiermit möge gesagt sein, dass meine Arbeit nicht als abschliessend gelten soll und kann, dass ihre Ergebnisse vielmehr schon durch eine blosse Durchsicht weiterer Teile des M. T. leicht Vervollständigung, Ergänzung, Einschränkung erfahren könnten. Gleichwohl hoffe ich im Grossen und Ganzen auf richtigem Wege gegangen zu sein und wenigstens im Allgemeinen die Kräfte erkannt zu haben, die Eintreten und Unterbleiben des rückweichenden Accentes veranlassen. Dass ganz unverrückbare Gränzen dieser, auch in Handschriften und Drucken nicht immer übereinstimmend überlieferten Erscheinung, nicht vorhanden sind und nicht vorhanden sein können, wird einleuchten.

Selbstverständlich sind die Texte von Baer-Delitzsch zu Grunde gelegt. Exodus bis Deuteronomium, deren M. T. einer kritischen Ausgabe noch harrt, blieben daher absichtlich fast ganz ausser Betracht.

Sehr nützlich durch Zusammenstellung von Material war die fleissige Arbeit von Wijnkoop, Darche hannesigah (Leiden 1881). So verworren dieselbe auch ist, so muss anerkannt werden, dass der Verfasser manchmal recht nah daran war, richtige Gesichtspunkte zu gewinnen. Aber mit dem was Grimme in seinen Grundzügen der hebräischen Akzent- und Vokallehre S. 27 ff. und in ZDMG 50 S. 532 ff. vorgetragen hat, werden die von mir gewonnenen Anschauungen kaum in Einklang zu bringen sein. Nicht minder weiche ich von dem ab, was Grimme Grundzüge S. 85 ff.

und ZDMG 50 S. 536 ff. lehrt. Ich begnüge mich, meine Ansicht einfach aufzustellen. — Erheblich viel Neues wird die vorliegende Arbeit kaum enthalten, lediglich Anwendung anderwärts gewonnener Ergebnisse der Sprachforschung auf das Hebräische.

Für manchen lehrreichen Wink, namentlich aber für den Hinweis auf die wichtigen Schriften von F. Wulff und Rod. Benedix bin ich Herrn Privatdoc. Dr. Franz Saran zu grösstem Danke verbunden.

Bei der schwierigen Correktur unterstützte mich in dankenswertester Weise Herr cand. E. Littmann hierselbst mit grosser und eingehender Sorgfalt.

Halle, Juli 1897.

F. Praetorius.

Inhalt.

I.

Der rückweichende Accent.

Von jeher ist in der hebräischen Grammatik die Rede gewesen § 1 a
vom rückweichenden Accent, d. h. von der Erscheinung, dass der Accent eines auf der Ultima betonten Wortes nach vorne rücken kann, wenn diesem Worte unmittelbar und ohne jede Pause ein auf der Anfangs- (event. einzigen) Silbe betontes Wort folgt, so dass also zwei Accente zusammenstossen würden. Man würde irren, wollte man (wie es von hebraistischer Seite wohl vielfach geschieht) in dieser Erscheinung eine besondere Eigentümlichkeit des Hebräischen sehen: Wir haben vielmehr ein weitherrschendes, in vielen Sprachen mächtiges Gesetz vor uns. Man hat sogar — wohl etwas zu aprioristisch — behaupten wollen, es müsse in allen Sprachen so sein. Aber es ist das Verdienst der hebräischen Accentuatoren, an der ihnen überlieferten Sprache die Wirkungen dieses Gesetzes zuerst dargestellt zu haben; ausserhalb des Hebräischen scheint es erst in den letzten Jahrzehnten erkannt worden zu sein.

Kaum darf man die erste schüchterne Andeutung dieses Accent- b
gesetzes finden in der Stade's Zeitschrift III 22 Anm. angezogenen Stelle bei Weil et Benloew, théorie générale de l'accentuation latine (Paris 1855) S. 282: „Si ces mots italiens (*mortále, naturále*) perdent la voyelle qui forme la désinence, et sont suivis d'un autre mot, ayant l'accent sur la première syllabe, comme *némico, víncolo,* le temps fort peut impunément en poésie remonter à la syllabe qui précède l'accent, et l'on peut dire: *mórtal némico, natúral* ou *nátural víncolo.*" Denn Weil und Benloew reden hier nur von dem durch die Natur des Verses bestimmten Wechsel betonter und

tonloser Silben, welchem Wechsel sich die Betonung der den Vers bildenden Wörter unterzuordnen habe: „Lors donc que dans le vers le temps fort tombe sur une syllabe *faible* (c'est-à-dire privée d'accent), il peut lui donner l'air d'une syllabe forte."

Es ist hier nicht gesagt, ob dieselbe Accentuation eventuell nicht vielleicht auch in Prosa möglich wäre. — Das hat Fredrik Wulff im Skandinav. Archiv I S. 70 (Lund 1891) für das Schwedische getan: „Gewiss hat noch kein Schwede daran gedacht, dass das Wort kaptén den Accent auf seiner ersten Silbe haben könnte, und wahrscheinlich war auch Runeberg theoretisch nicht damit einverstanden. Aber Runeberg machte einen sehr guten Vers, wenn er schrieb: „Om Dúnckers éld, om kápten Málm." Wäre nun diese Accentuation in der Phrase „kapten Malm" überhaupt unrichtig, so wäre auch dieser Vers ebenso fehlerhaft. Nun aber bezeugt dieser Vers nicht etwa, dass das Wort kapten „ausnahmsweise, im Verse" seine Accentform umwerfen kann; sondern nur, dass der Satzaccent es bestätigt, ja gebietet, dass kaptén hier wie kápten laute, und zwar durch den „rückwärts wirkenden rhythmischen Nebendruck.""

Paul hat im 6. Bande (1879) der von ihm und Braune herausgegebenen Beiträge zur Geschichte der deutschen Sprache und Literatur S. 131 auf Grund von Beobachtungen am Germanischen als ein für die Einheit des Wortes wie des Satzes unentbehrliches Princip die durchgängige Abstufung des Accentes erkennen zu müssen geglaubt: „Es können nicht zwei auf einander folgende Silben ganz gleiche Tonhöhe oder gleiches Tongewicht haben." Dieses Princip zeigt sich zunächst in den Accenten des isolirten Wortes, sodann aber auch bei der Veränderung derselben innerhalb des Satzgefüges. Und zwar nicht nur bei der eigentlichen, ausgesprochenen Proclise und Enclise und den ihnen nahe kommenden Schwächungen, sondern auch ausserdem kann namentlich „die Betonungsweise der Schlusssilbe eines Wortes durch die Anfangssilbe des folgenden beeinflusst werden. Diese Beeinflussungen finden um so leichter statt, in je engerer logischer Verbindung die beiden Worte mit einander stehen. Sie finden nicht statt, wenn die beiden zu verschiedenen Sätzen, oder zu ver-

schiedenen, durch eine Pausa getrennten Satzgliedern gehören.“ Unter den verschiedenen von Paul nun erörterten Komplikationen fehlt, wohl weil im Germanischen nur selten vorliegend, grade die für das Hebräische vornehmlich in Betracht kommende aá áa.

Dieses Paul'sche Gesetz ist gegen den ihm gemachten Vorwurf, lediglich eine Hypothese zu sein, von Michels in Streitberg's Anzeiger I S. 32 (1891) durch den Hinweis auf Wundt, Psychologie II³ 248 ff. verteidigt worden: Es beruhe auf einem Gesetze der Apperception. Diese Verteidigung seitdem öfters wiederholt, z. B. Hirt, indogerm. Accent S. 12; Streitberg, urgerman. Grammatik § 36, § 143 A. a. E. Ich kann freilich nicht finden, dass in der angezogenen Stelle bei Wundt das stände, was man aus ihr hat herauslesen wollen. — Ueber die Möglichkeit zweier gleich hoher und gleich starker Silben in unmittelbarer Aufeinanderfolge vgl. noch Masing, die Hauptformen des serbisch-chorwatischen Accents S. 58 a. E. (auch S. 70 § 21).

Wohl schon vor Paul war Roderich Benedix in einem sehr lehrreichen Buche, auf Grund empirischer Beobachtung der deutschen Sprache zu gleicher Erkenntniss gelangt: Die richtige Betonung und die Rhythmik der deutschen Sprache, 4. Aufl., Leipzig 1888 (auch unter dem Titel: Der mündliche Vortrag, 2. Teil). Ich citire namentlich S. 192: „Stossen zwei schwere Silben in einsilbigen Wörtern auf einander, so sind sie sich rhythmisch im Wege. Z. B. „„Ist nicht der Traum Schaum? Ist nicht der meisten Menschen Wunsch Geld?““ Man fühlt, wenn man diese Sätze spricht, dass die beiden schweren Silben gewissermassen auf einander prallen und den rhythmischen Fluss der Rede aufheben. . . . Folgen auf zwei zusammenstossende schwere Silben leichte, und gehen ihnen leichte voraus, so ist das Anprallen nicht so fühlbar. „„Ist nicht der Traum Schaum gewesen? Ist nicht der meisten Menschen Wunsch Geld zu haben?““ Wer diese Sätze spricht, wird unwillkürlich nach dem ersten schweren Worte etwas absetzen und damit das Anprallen ausgleichen.“ Ich verweise weiter namentlich noch auf §§ 72, 74, 83; endlich auf § 69, woselbst Benedix übrigens der Versuchung, die Möglichkeit zweier gleichbetonter, einander unmittelbar folgender Silben in Abrede zu stellen, glücklich aus dem Wege gegangen ist.

f Ich nenne weiter Minor, Neuhochdeutsche Metrik (1893), wo S. 64—65, namentlich aber S. 77 auch für das Deutsche jene Wirkung zusammenprallender Hauptaccente beobachtet ist, die uns längst aus dem Hebräischen bekannt ist: „Wie wir das Zusammentreffen zweier Hauptaccente zu vermeiden suchen und anstatt Generál Blücher*) durch Rücken des Accents sagen Géneral Blücher, so u.s.w.“

Für das Schwedische und Französische hat diese Accentverhältnisse erörtert Fredrik Wulff a. a. O. S. 301 ff. (namentlich S. 303 bis 305).

g Stumme hat den rückweichenden Accent im Arabischen von Tunis beobachtet. Vgl. Tunisische Märchen und Gedichte S. XXXV: „. . . indem bisweilen das Zusammentreffen zweier Tonsilben durch eine Veränderung der Betonung vermieden wird, und etwa für ⊥́ ⊥́ nun ⊥́ × oder × ⊥́ gesagt wird, wie ḥállīt mártī für ḥallît mártī u. a. m.“; vgl. Grammatik des tunisischen Arabisch S. 6 φ. —

§ 2 So erkennen wir nun auch deutlich, dass zu einer gewissen Zeit den Accentuatoren des hebräischen Textes, oder den Ueberlieferern der hebräischen Aussprache die unmittelbare Aufeinanderfolge zweier stark betonter Silben widerstrebte, und dass sie einer solchen Folge auf diese oder jene Weise aus dem Wege zu gehen wünschten. Ob ihnen überhaupt gleiches Gewicht zweier auf einander folgender Silben widerstrebte, lässt sich, soviel ich sehe, an keinerlei Anzeichen erkennen, und aprioristisch möchte ich das nicht annehmen. — Ich sagte absichtlich „zu einer gewissen Zeit“, da ich es für undenkbar halte, dass bei dem letzten Abschlusse der Accentuation jener Widerwille von den Accentuatoren unmittelbar empfunden sein sollte. Denn der hergebrachten Ueberlieferung nach haben die Accentzeichen bekanntlich musikalischen, cantillirenden Wert; auch in unzweifelhafte alte Interpunktionszeichen ist ein solcher

*) Es wäre wohl passender gewesen, das Beispiel „der General Blücher“ zu bilden, nach Benedix a. a. O. § 20, Paul a. a. O. S. 132 Anm. Vgl. zur Sache übrigens auch Jespersen in Techmer's Ztschrft. III 204 Anm. 2.

hinein gelegt worden.*) Nehmen wir nun an, dass wirklich beim Abschlusse der Accentuation durch eben diese Accentuation ein cantillirender Vortrag angebahnt und angedeutet werden sollte, so ist m. E. vom Standpunkte dieses cantillirenden Vortrages aus jener Widerwille gegen die Aufeinanderfolge zweier stark betonter Silben völlig unverständlich. Durch die Cantillation wäre der Zusammenstoss derselben von vornherein ausgeglichen worden, überhaupt gar nicht zur Geltung gekommen. Ich kann vielmehr in dem durch die Accentuation markirten Widerwillen gegen den Zusammenstoss zweier stark betonter Silben nur einen Hinweis darauf erblicken, dass zu irgend einer Zeit die hebräischen Texte im Sprechvortrag (allenfalls im Recitativ) vorgetragen worden sind mit starkem exspiratorischen Accent, oder — wenn das zuviel geschlossen sein sollte — mindestens, dass in der überlieferten Accentuation sich gewisse Eigentümlichkeiten finden, die lediglich aus der gesprochenen Sprache erklärt werden können. Aus dem blossen Umstande, dass die weitaus meisten Accentzeichen ihren festen Platz über der natürlichen Accentsilbe des Wortes haben, würde ich diesen Schluss nicht zu ziehen wagen. Denn es wäre ja wohl nicht unnatürlich, dass ein eine Reihe von Tönen bedeutendes Zeichen über die natürliche Hauptsilbe des Wortes gesetzt wird. — Es wäre wohl denkbar, dass das ursprüngliche Bild, welches die gesprochene Sprache hinsichtlich des Widerwillens gegen den Zusammenstoss zweier stark betonter Silben einst bot, durch die cantillirende Accentuation hie und da etwas abgeblasst worden ist, so dass der wenig einheitlich und folgerecht, vielmehr von zahlreichen Ausnahmen verschiedenster Art durchbrochen scheinende Charakter, den die in Rede stehende Erscheinung in dem uns überlieferten Hebräisch aufweist, zum Teil den Mängeln und den verschiedenen Schichten der Ueberlieferung zuzuschreiben wäre.

Notwendig aber ist diese Annahme durchaus nicht, nicht ein- § 3 a
mal sehr wahrscheinlich. Denn man wird von vornherein anzunehmen

---

*) Vgl. Ackermann, das hermeneut. Element der bibl. Accentuation, S. 15; Merx, historia art. grammat. apud Syros pag. 62 ff.; Merx in Verhandl. des 5. intern. Orient. Congr. II[1] S. 213 ff.

haben, dass im (gesprochenen) Hebräischen ebensowenig wie anderswo zwei unmittelbar und ohne die geringste Pause zusammentreffende Haupt-Wortaccente unter allen Umständen lästig empfunden wurden und zum Ausweichen aufforderten. Und zwar im Hebräischen sowohl wie anderswo aus mehrfachen Gründen.

b Man wird zunächst auch im Hebräischen haben langsamer oder rascher sprechen und vortragen können. Bei langsamerem, ausdrucksvollerem Sprechen werden sich auch im Hebräischen die Wortaccente stärker geltend gemacht haben, als bei rascherem, flüchtigem Sprechen, wo sie sich leichter abschwächen konnten und mussten. Das können wir im Hebräischen deutlich beobachten.

c Sodann denke man an die verschiedenen Arten des Silbenaccents, die in der hebräischen Accentuation absolut keinen Ausdruck finden. Von zwei unmittelbar zusammenstossenden Wortaccenten könnte der erstere ja wohl hie und da irgend ein schwächer werdender Silbenaccent sein, so dass in Wirklichkeit also gar kein zum Ausweichen auffordernder Zusammenprall vorliegt. Auch derartige Fälle lassen sich im Hebräischen in grosser Menge nachweisen.

d Man erinnere sich weiter an die durch den Satzaccent hervorgerufenen Abstufungen des Wortaccentes. Auch im Hebräischen wird voraussichtlich ein und derselbe Redeteil, ein und dasselbe Wort sehr verschiedene Stärkegrade der Betonung erfahren haben, je nach der von ihm im Wortgefüge und im Satze eingenommenen Stellung und je nach der Satzart. Der Hauptaccent eines Wortes ist wahrscheinlich auch im Hebräischen an manchen Stellen des Wortgefüges und des Satzes nur ganz schwach gewesen, so dass sein Zusammentreffen mit dem Hauptaccent eines anderen, stärker betonten Wortes unmöglich lästig empfunden werden konnte. Ich rede hier natürlich nicht etwa blos von Präpositionen und ähnlichen Wörtchen. Wir sagen z. B. — um bei dem von Minor angeführten Beispiele zu bleiben — in der Regel „der Generál von Blücher“ mit zwei starken Accenten; aber wenn dieses Wortgefüge in der historischen Erzählung häufiger wiederholt wird, so werden wir immer mehr sagen „der Generàl von Blǘcher“ mit einem schwächeren und einem stärkeren Haupt-Wortaccent. Ebenso sagen wir ohne Artikel von vornherein schon „Generál von Blúcher“, oder gar blos „General von Blúcher“, fast mit Proklitisirung des ersten Wortes. Lassen wir nun in all diesen Beispielen das Wörtchen „von“ fort, so stossen überall die beiden Hauptaccente der beiden Substantiva unmittelbar und ohne die geringste Pause zusammen; aber nur in dem ersten Beispiele „der Generál Blúcher“ werden zwei annähernd gleiche, starke Accente zusammenprallen und lästig empfunden werden. In allen übrigen Beispielen dagegen wird man den Zusammenstoss der beiden Haupt-Wortaccente gar nicht empfinden, da sie an Stärke erheblich verschieden von einander sind: Wie anderweitig ja längst ausgesprochen, sind Hauptaccent, Accentlosigkeit, Nebenaccent im Worte nichts weniger als drei sich stets und überall gleich bleibende Stufen der Stärke. Die hebräische Accentuation nimmt aber auf die durch Wort- und Satzgefüge hervorgerufenen Abstufungen der Betonungsstärke der verschiedenen Worte nur sehr unvollkommen Rücksicht,*) nämlich nur insofern sie durch Makkef einen besonders hohen Grad von Betonungsschwäche ausdrückt. Hiervon abgesehen wird jedes Wort gleichmässig mit seinem Hauptaccent, event. auch mit seinem Nebenaccente versehen, den es in der Isolirung hat. So ist es denn von vornherein nicht nur denkbar, sondern sogar höchst wahrscheinlich, dass von zwei unmittelbar zusammenstossenden Haupt-Wortaccenten der eine in Wirklichkeit vielfach ganz erheblich schwächer ist als der andere, und dass ein Ausweichen eben deshalb nicht eingetreten ist, weil tatsächlich keine Veranlassung dazu vorlag. Diese Erörterungen legen von vornherein die Vermutung nahe, dass wir aus dem Eintreten oder Nichteintreten des Ausweichens Schlüsse auf den Satzaccent des Hebräischen werden ziehen können, d. h. dass wir werden erkennen können, welche Satzteile, oder vielmehr welche Combinationen von Satzteilen mit je starkem Accente gesprochen wurden, und welche nicht. Ich meine nicht etwa zur Zeit Salomo's und Jesaias, sondern etwa zur Zeit der Ueberlieferer in

---

*) Vgl. Sievers, Phonetik[4] § 617.

den ersten nachchristlichen Jahrhunderten. Ich weise auch ausdrücklich die Folgerung zurück, dass dieselbe Betonung genau so schon 1000—1500 Jahre früher bestanden haben könne: Ich denke, dieser Annahme widerspricht die Existenz der Contextformen mit besonderer Accentstelle. Diese können zwar jetzt mit einem starken Accent meist auf der Ultima gesprochen werden; ihre Entstehung aus den ursprünglichen, meist auf der Penultima betonten (Pausal-)Formen dürfte sich aber nur durch die Zwischenstufe der völligen Accenteinbusse erklären lassen. Vgl. § 43.

c Man denke auch daran, dass der gewöhnliche grammatische Satzaccent gestört werden kann durch den logischen Sinnaccent. Und zwar je stärker der Sinnaccent ist, der auf ein Wort im Satze gelegt wird, je schärfer ein Kontrast markirt werden soll, um so mehr treten die übrigen Wörter des Satzes in der Betonung zurück. Sollte das im Hebräischen anders gewesen sein? Während man mit ruhigem Satzaccente sagte hálak šā́m *er ging dort* (für hālā́k šā́m), sollte man da nicht auch im Hebräischen haben sagen können und müssen hālā́k šām *er ging dort* (*aber er ritt nicht*)? Schriftlich darstellbar war allerdings dieser starke Sinnaccent auf dem Verbum und das Zurücktreten der folgenden Partikel nicht, man konnte eben nur schreiben הָלַךְ שָׁם; aber vielleicht können wir wieder aus dem Nichtstattfinden eines Ausweichens den Schluss ziehen, dass eine Veranlassung zum Ausweichen eben nicht vorlag, dass vielmehr die Partikel vom Verbum übermässig an Accent übertroffen wurde. Hierbei wolle man aber ganz besonders bedenken, mit wie verschiedener Betonung mancher Satz ausgesprochen werden kann, je nach der individuellen Auffassung des Sprechenden.

II.

Der rückweichende Accent und die Enttonung.

Nur da, wo wirklich zwei starke Accente zusammenprallen, ist § 4 a
rückweichender Accent denkbar. Aber nicht ist rückweichender Accent dann auch überall anwendbar. Zunächst selbstverständlich dann nicht, wenn das erstere Wort einsilbig ist; aber auch dann nicht immer, wenn es mehrsilbig ist. Um den Zusammenprall der beiden starken Accente auch in solchen Fällen zu vermeiden, greift die Sprache in der Regel zu einem andersartigen Mittel: Wo sie den Accent des ersteren Wortes nicht verpflanzen kann, schwächt sie ihn ab, oder vernichtet ihn ganz. Vgl. Minor a. a. O. S. 101. In der Regel tritt dann das allgemeine Zeichen für die möglichst starke Accenteinbusse ein, Makkef. Oft genug hat man aber auch den Accent des ersteren Wortes unverändert gelassen. Das ist dann aber nicht so zu verstehen, als sei der lästige Accentzusammenprall ungemildert ertragen, vielmehr ist in diesem Falle eine schriftlich eben nicht darstellbare Schwächung des ersteren Accents anzunehmen. — Bekanntlich ist Setzung und Nichtsetzung von Makkef überhaupt nicht ganz streng geregelt, ganz abgesehen davon, dass Ben Naftali besonders sparsam mit Makkef ist.

Man wolle keinen Anstoss nehmen an den hierbei neben einander stehenden Extremen, dass man z. B. sagt יַעֲבֹר בָּהֶם yaʿ^{a}bṓr bāhém mit starkem Accent auf yaʿ^{a}bṓr, während man in der völlig gleichartigen Verbindung יַעֲבָר־בּוֹ yaʿ^{a}bŏr bṓ dieselbe Form möglichst accentlos ausspricht. Man bedenke, dass — zunächst wenigstens — weder in יעבר בהם noch in יעבר־בו auf יעבר ein besonderer logischer Sinnaccent ruht, dass es sich — zunächst wenigstens — lediglich um gleichgültige Sprechgewohnheit handelt.

Besonders hervorzuheben ist aber noch, dass wenn rückweichender Accent möglich ist, in der Regel nicht zugleich auch Accentschwächung oder Accentvernichtung statthaft ist. Hierüber siehe den 4. Abschnitt. — Also anders als bei Wulff a. a. O. S. 305.

b Aber während der rückweichende Accent nur aus der besonderen Absicht hervorgegangen ist, dem Zusammenprall zweier Accente auszuweichen, ist Makkef, wie gesagt, allgemeines Zeichen für möglichst starke Accenteinbusse und deutet bekanntermassen vielfach auch solche Accentunterdrückungen an, die ohne jeden Zusammenhang mit jener Absicht entstanden sind. Wenn wir also zwei durch Makkef mit einander verbundene Wörter treffen, deren Accente zusammenstossen würden, wenn der erstere nicht unterdrückt worden wäre, so ist es durchaus nicht von vornherein sicher, dass die Accentunterdrückung mit Rücksicht auf den Zusammenstoss der Accente stattgefunden hat.

§ 5 a Nach Absicht der Accentuatoren und Punktatoren der hebräischen Texte sollten sämmtliche Worte nach einem mit einem distinktiven Accente versehenen Worte bis einschliesslich zu demjenigen Worte, das den nächsten distinktiven Accent trägt, durch ein und denselben Hauptexspirationsstoss hervorgebracht werden. Dies ist klar und deutlich aus der bekannten Behandlung wortanlautender aspirationsfähiger Konsonanten zu ersehen. Es heisst z. B. Jud. 1, 1 וַיִּשְׁאֲלוּ בְּנֵי יִשְׂרָאֵל mit zwei selbstständigen Stössen, dagegen Jud. 1, 8 וַיִּלָּחֲמוּ בְנֵי־יְהוּדָה mit einem Stoss. Es sieht also eine derartige Wortgruppe oder auch nur e i n so stehendes Wort einigermassen dem ähnlich, was man einen Sprechtakt zu nennen pflegt. Immerhin mögen die Accentuatoren bei der Abteilung auch nach willkürlichen und künstlichen Rücksichten verfahren sein: Ganz so unnatürlich, wie uns diese Abteilung auf den ersten Blick von vornherein manchmal erscheint, wenn wir z. B. sehen, dass das Relativum אשׁר nicht selten von seinem Relativsatz, oder dass der Status constr. nicht selten von seinem abhängigen Nomen geschieden ist, — ganz so unnatürlich wird sie in Wahrheit nicht sein; vgl. Sievers, Phonetik[4] § 587.

b Von dem Accente Telîšā qeṭannā ist behauptet worden, er sei distinktiv, da er den rückw. Accent verhindere; vgl. Wijnkoop, Darche hannesigah § 38. Das scheint indess wohl nur so infolge der postpositiven Stellung dieses Accentes: Man vergleiche die von Wijnkoop angezogenen Stellen Jud. 18, 19, Est. 6, 13, 1. Sam. 30, 15 bei Baer-Delitzsch. Jedenfalls wird man seinen conjunktiven Charakter so lange nicht leugnen können, wie man die Aspiration einer folgenden בגדכפת annimmt. Dies letztere tut nun bekanntlich Ben Naftali nicht; vgl. Genesis von Baer-Delitzsch S. 83 Anm. 1; Wickes, accent. of the twenty-one S. 26 No. 5. Indem ich eine eigene Meinung über das ursprüngliche Wesen dieses Accentes mir nicht gestatten kann, möchte ich doch die Beobachtung nicht zurückhalten, dass derselbe ganz ausserordentlich häufig in Takten vorkommt, die überlang sein würden, wenn wir conjunktiven Charakter des Accentes annehmen.

Freilich ist nicht zu verkennen, dass die Accentuatoren ziemlich oft eine recht erhebliche Anzahl von Wörtern in einen Takt zusammengedrängt haben, soviele, dass sie in unbefangener Rede sicher zwei oder noch mehr Takte ausmachen würden. Aber es war den Accentuatoren jedenfalls wirklich Ernst damit, dass diese zusammengehäuften Worte sämmtlich in einem Atem ausgesprochen werden sollten. Das war freilich nur möglich, wenn Accent und Quantität aller oder doch einzelner dieser zusammengehäuften Worte mehr oder weniger gemindert wurden. Man findet daher in Takten, die aus mehr als zwei Worten bestehen, tatsächlich aufs häufigste Makkef nach Worten und in Fällen, wo Makkef in einem kürzeren Takte unstatthaft wäre; vgl. schon Luzzatto, grammatica § 100, Ewald[8] § 97 S. 203b.

Es würde beispielsweise kaum möglich sein, die beiden Worte בִּנְיָמִן־אָחִיו für sich allein stehend, durch Makkef mit einander zu verbinden; aber ganz unauffällig ist עַל־צַוְּארֵי בִנְיָמִן־אָחִיו Gen. 45, 14. Man wird kaum je finden הוֹצִיאִי־אוֹתָם für sich allein; aber ganz anstandslos ist בְּיוֹם הוֹצִיאִי־אוֹתָם מֵאֶרֶץ־מִצְרַיִם מִכּוּר הַבַּרְזֶל Jer. 11, 4. Wir finden Jos. 10, 5 מֶלֶךְ יְרוּשָׁלַםִ für sich allein, aber unmittelbar darauf folgend מֶלֶךְ־חֶבְרוֹן מֶלֶךְ־יַרְמוּת im längeren Takte. Ebenso עֹשֶׂה פְּרִי Gen. 1, 11 für sich allein, aber im folgenden Verse וְעֵץ עֹשֶׂה־פְּרִי; הַרְבֵּה מְאֹד 1. Kön. 10, 10. 11, aber נִשְׁאֲרָה הַרְבֵּה־מְאֹד Jos. 13, 1, u. s. f.

§ 6 Man darf also in einem Makkef, das zwei Worte miteinander verbindet, deren Accente anderenfalls zusammenstossen würden, kein Mittel erblicken, diesen Zusammenstoss zu verhindern, sobald sich diese beiden Worte in einem längeren Takte befinden. Denn in diesem Falle wäre Makkef ohnehin möglich oder wahrscheinlich. Gleichwohl wird sich kaum verkennen lassen, dass auch im längeren Takte die Setzung des Makkef gerade da besonders beliebt ist, wo zwei Accente zusammenstossen würden. — Aber wir werden aus dieser ungewöhnlichen, nur in längerem Takte gewöhnlichen Makkefsetzung folgern können, dass auch da, wo es in einem längeren Takte nicht beliebt hat, durch Makkef die stärkste Accenteinbusse anzudeuten, wo vielmehr die ursprünglichen Accente in der Schrift beibehalten worden sind, eine immerhin erhebliche Schwächung der Wortbetonung und eine immerhin erhebliche Kürzung der Wortquantität stattgefunden haben wird, oder mindestens stattgefunden haben kann: לָבוֹא אִתִּי בָבֶל Jer. 40, 4 wird höchst wenig verschieden sein von לָבוֹא־אִתִּי בָבֶל ibid. Man wird also an zwei Worten mit zusammenstossenden, in der Schrift ertragenen Accenten von vornherein keinen Anstoss nehmen dürfen, wenn sich diese zwei Worte in einem längeren Takte befinden. — Auch diese Verhältnisse scheinen mir darauf hinzuweisen, dass sich die Accentuation einst auf einen Sprechvortrag bezogen hat.

§ 7 a Dagegen werden wir in einem kurzen, d. h. einem nur aus zwei Worten bestehenden Takte, im ganzen sicher unterscheiden können, wo Makkef Mittel ist dem Zusammenstosse zweier Accente auszuweichen, und wo nicht. Denn soweit jener Beweggrund nicht in Betracht kommt, findet sich Makkef in kurzen Takten fast nur in gewissen Fällen, die weniger zahlreich sind als man gewöhnlich glaubt. Wenn z. B. Stade, hebr. Grammat. § 49 אֲשֶׁר in derselben Rubrik nennt mit אֶל־, אֶת־ u. a. m., so dürfte das nicht ganz genau sein. Man findet vielmehr nach אֲשֶׁר im kurzen Takte Makkef fast nur dann, wenn der besondere Grund vorliegt, dass dem Zusammenprall zweier Accente ausgewichen werden soll. Ohne diese Bedingung ist mir nur bekannt אֲשֶׁר־עָשָׂה! 1. Kön. 16, 7. — Ebensowenig gehört das von Stade hierher gestellte אֵין in Wirklichkeit hierher; s. unten § 9a. — Ebenso finde ich z. B. nach הִנֵּה im kurzen Takte nur dann Makkef, wenn andernfalls zwei Accente zusammenstossen würden. Sollte sich aber auch bei הנה wirklich ein vereinzelter Fall nachweisen lassen, wo über diese Bedingung hinaus Makkef eingetreten ist, so würde dadurch die Regel nur ganz unwesentlich geändert werden. — Ebensowenig finde ich nach מִי im kurzen Takte ohne besonderen Grund Makkef gesetzt. Wir werden daraus schliessen müssen, dass מי im Hebräischen stärker betont werden sollte, als unser entsprechendes „Wer?“ (Benedix a. a. O. § 33). Während wir betonen „wer bín ich?“, heisst es hebräisch מִי אָנֹכִי 1. Sam. 18, 18, und erst מִי־אֵלֶּה Jes. 60, 8, Gen. 48, 8 entspricht etwa unsrer Betonung „wer sind díese?“. Ausnahmsweise finde ich 2. Sam. 11, 21 מִי־הִכָּה, wo Ben Naftali ohne Makkef; Hi. 36, 23.

Dagegen findet sich das Gegenstück zu מִי, das sächliche מה, sehr häufig auch im kürzeren Takte schlechthin mit Makkef versehen, wenigstens in der Form מַה־, z. B. מַה־תַּעֲשֶׂה Hi. 9, 12, מַה־פִּשְׁעִי Gen. 31, 36 u. a. m. Man wird danach anzunehmen haben, dass מַה־ von vornherein von einem schwächeren Satzaccent getroffen wird, als מִי, הִנֵּה, אֲשֶׁר; und מַה־לָּךְ Jud. 1, 14 ist nicht auf Kosten eines beabsichtigten Ausweichens zu setzen; es wird vielmehr auf gleicher Stufe stehen mit unserem „was íst dir?“ (Auch „was?“ ist ja nach Benedix' Beobachtungen noch schwächer betont als „wer?“). Anders aber ist es mit den Formen מָה, מֶה. Diese haben stärkere Betonung als מַה־; und in מָה־אֵלֶּה Zach. 4, 4. 13; 6, 4 weicht man dem Zusammenprall zweier Accente aus. Doch s. auch Hi. 7, 17.

Sonst finden sich im kurzen Takte mit stärkster Accenteinbusse b
schlechthin fast nur einsilbige Partikeln aller Art wie אֵת, אֶל, עַד, רַק, אַף, כֹּה, כִּי, פֶּן, בַּל, לֹא, אַל, אִם, אַךְ, גַּם, מִן, עִם, עַל. Wenn es nun Gen. 4, 6 im kurzen Takte heisst אֶל־קָיִן, so wird niemand behaupten wollen, dies stehe für אֶל קָיִן, um dem Zusammenprall zweier Accente auszuweichen. Gleichwohl lässt sich nicht verkennen, dass einige dieser Partikeln, so כִּי, לֹא und

namentlich כֹּה für gewöhnlich weit häufiger ihren besonderen Accent bewahrt haben, und dass sie regelmässig nur beim Zusammenprall zweier Accente accentlos werden. כֵּן scheint im kurzen Takte nie ohne besonderen Grund tonlos zu werden.

Ausserdem noch einige andere Wörtchen einsilbiger oder beinahe einsilbiger Form; meist Nomina im Status constructus, zuweilen auch im absolutus. Am häufigsten כָּל־, ferner בֶּן, בְּנֵי, בַּת, הַר (Ps. 48, 12; 68, 16), שַׂר, גַּן, פֶּה (1. Kön. 22, 13), יַד (בְּיַד), רַךְ (2. Chr. 13, 7), דְּבַר, נְאֻם (Jer. 23, 28), מְעַט, מַס, רַב, טוֹב (Prov. 15, 16), בּוֹא (Ps. 51, 2), צְרוֹר (Prov. 7, 20), u. a. — Gelegentlich auch wohl andere kurze Wörter, so der Imperativ תְּנָה Ps. 69, 28; öfters beim Imperativ קַח: קַח־לְךָ. Man beachte auch לְכוּ־חֲזוּ Ps. 46, 9, woraus hervorgeht, dass auch וּלְכוּ־בֹאוּ Gen. 45, 17 nicht dem Zusammenprallen zweier Accente zuzuschreiben sein dürfte. Danach dürfte auch in לְכוּ שׁוּבוּ 2. Kön. 1, 6 und ebenso in לֵךְ שׁוּב 1. Kön. 19, 20 die Betonung des ersteren Gliedes von vornherein als schwach zu vermuten sein. Auch יְהִי Ps. 35, 6. — לוֹ 2. Chr. 21, 2; הוּא Ps. 33, 9, Hi. 21, 31.

Ueber diese Grenzen hinaus wird man Makkef ohne den besonderen Grund des Accentzusammenpralls im kurzen Takte nur höchst vereinzelt finden. מִגְדַּל־שְׁכֶם Jud. 9, 46. 47 mag vielleicht als compositionsähnlicher Eigenname gelten sollen; vielleicht ist das Makkef nach § 25 zu erklären. Auffallend sonst noch עָשׂוּ־לָהֶם Jud. 6, 2; בָּחַר־בְּךָ 1. Chr. 28, 10 (aber Variante ohne M.); Ru. 1, 10.

c Erheblich schwankend ist die Behandlung der der Partikel נָא voraufgehenden Verbalform. Neben regelrechten Verbindungen im kurzen Takte, wie שׁוּבוּ נָא Zach. 1, 4, ähnlich Hi. 6, 29, הוֹשִׁיעָה נָּא Ps. 118, 25, הַגִּידִי נָא Gen. 24, 23, weiter 1. Sam. 2, 36; 20, 29, finden wir auch שֻׁבוּ־נָא Jer. 35, 15, wo die Verbalform also tonlos gebraucht ist, ohne dass ein besonderer Grund vorläge. Desgleichen שׁוּט־נָא 2. Sam. 24, 2 (vgl. § 8). Ebenso sind zu beurteilen וִיהִי־נָא 2. Kön. 2, 9, יֵלְכוּ־נָא 2. Kön. 2, 16, אֵלְכָה־נָּא Jer. 40, 15, weiter 1. Kön. 17, 21, Ps. 118, 2. Denn wenn hier auch überall die Accente zusammenstossen würden, so dass es scheinen könnte, als liege besonderer Grund zum Ausweichen vor, so hätte in Wirklichkeit doch durch rückweichenden Accent dem Zusammenprall ausgewichen werden müssen. Man empfand aber das Zusammentreffen der beiden Accente nicht lästig, sondern konnte die vor נָא stehende Verbalform ohne weiteres tonlos gebrauchen. — Demgegenüber stehen nun aber einige Beispiele, die durch rückweichenden Accent zeigen, dass die vor נָא stehende Verbalform auch mit kräftigem Accent gesprochen werden konnte. Ich kenne folgende: יָבוֹא נָא Jer. 17, 15, יוּמַת נָא Jer. 38, 4, יֹאמְרוּ נָא Ps. 118, 3. 4, אִמָּלְטָה נָּא 1. Sam. 20, 29 (אִמָּלְטָה נָּא שָׁמָּה Gen. 19, 20). — Die überwältigende Mehrzahl der äusserst zahlreichen Beispiele von Verbalform + נָא ist so geartet, dass sie nichts beweist; vgl. beispielsweise הִשָּׁבְעוּ־נָא לִי Jos. 2, 12, סַפְּרוּ־נָא Gen. 40, 8, also lange Takte, oder solche kurze, in denen rückweichender Accent nicht möglich.

Wir haben also zu unterscheiden zwischen dem kurzen, nur d
aus zwei Worten bestehenden Takte, und dem langen, aus mindestens drei Worten bestehenden Takte. Denn bei dem ersteren kommen — von bestimmten Ausnahmen abgesehen — die Wortaccente zu voller oder annähernd voller Geltung, während sie bei dem letzteren abgeschwächt werden. Es scheint mir, als haben die Accentuatoren bei Unterscheidung und Behandlung von beiden Arten sich etwas zu schematisch nach der Zahl der Worte gerichtet, statt auch auf den Lautinhalt Rücksicht zu nehmen.

III.

Der Silbenaccent.

Bei allen Wörtern, die einen ursprünglich langen oder einen § 8 a
durch irgend welche Kontraktion entstandenen langen Vokal in geschlossener, selbstverständlich stets betonter Ultima haben, ist im kurzen Takte beim Zusammentreffen zweier Accente sowohl rückweichender Accent wie Makkef ausgeschlossen; es bleiben die ur-

sprünglichen Accentverhältnisse ganz unverändert. Es liegen zahllose Beispiele vor, wie לָצ֥וּד צַ֖יִד lāṣúd ṣáyid Gen. 27, 5, לָנ֥וּס שָׁ֖מָּה Gen. 19, 20, קָב֥וּר בּ֑וֹ 1. Kön. 13, 31, שִׂ֥ים נָ֛א Jer. 38, 12, אָשִׁ֥יב לָֽךְ Zach. 9, 12, הַנֹּשְׂאִ֥ים קֶ֛רֶן Zach. 2, 4, וְאֵרַשְׂתִּ֥יךְ לִ֛י Hos. 2, 21, שָׂ֥ם לִ֖י Jes. 21, 4, ähnlich 2. Sam. 23, 5, נִינָ֣ם יָ֑חַד Ps. 74, 8, וּֽלְלַמְּדָ֥ם סֵ֛פֶר Dan. 1, 4, לַֽעֲשׂ֣וֹת לָ֔נוּ Zach. 1, 6, גִּבּ֣וֹר חַ֔יִל 2. Chr. 17, 17, ähnlich Ruth 2, 1, שְׂרֻפ֣וֹת אֵ֑שׁ Jes. 1, 7 u. a. m. Als Ausnahme ist mir einzig und allein bekannt אַלּ֥וּף־קֹ֖רַח Gen. 36, 16, wo Ben Naftali sicher richtiger ohne Makkef.

b Wollte man vielleicht annehmen, dass in solchen Fällen, z. B. in לָצ֥וּד צַ֖יִד, שְׂרֻפ֣וֹת אֵ֑שׁ rückweichender Accent deshalb nicht stattgefunden habe, weil לָ֥צוּד, שְׂ֣רֻפוֹת eine der Sprache ganz ungewohnte Betonung sein würde, so bliebe immerhin noch die Frage zur Beantwortung, weshalb man nicht — wie in anderen Fällen, so auch hier — dem ersteren Worte seinen Accent durch Makkef entzogen hat, um einem lästigen Accentzusammenprall auszuweichen. Ich finde nur die eine, bestimmte Antwort, dass jede einen ursprünglich langen oder einen durch Contraktion entstandenen langen Vokal enthaltende geschlossene Ultima mit irgend einem Silbenaccent entschieden abfallender Exspiration ausgesprochen wurde, so dass gegebenen Falls ein Zusammenprall zweier starker Accente von vornherein gar nicht stattfinden konnte. Es lag dann also überhaupt keine Veranlassung vor, einem solchen Zusammenprall auf irgend eine Weise auszuweichen.

c Ich glaube auch, die Art dieses Silbenaccentes noch etwas näher bestimmen zu können. Es war ein zweigipfliger, stark zur Zweisilbigkeit neigender Silbenaccent. Den Beweis für diese Annahme sehe ich im Pathach furtivum, das die annähernde Zweisilbigkeit der Aussprache deutlich zur Anschauung bringt. Man sprach z. B. לָצ֥וּד etwa lāṣú"d aus, יָשׁ֥וּב etwa yāšú"b, אָשִׁ֥יב etwa āší"b, war sich aber dieser durch den Silbenaccent zerdehnten Aussprache nicht hinreichend bewusst, um ihr in der Schrift Ausdruck geben zu sollen. Nur dann, wenn durch den Einfluss eines schliessenden Gutturals der letztere Teil dieser Zerdehnung von dem ersteren, dem Hauptbestandteil, qualitativ verschieden ward, drängte sich die Wirkung des zweigipfligen Silbenaccents dem Ohre so wahrnehmbar auf, dass sie auch in der Schrift fixirt wurde. Man schrieb also z. B. יָנוּחַ, אָנִיחַ, ganz gemäss der wirklichen Aussprache yānū^{a}ḥ, ānī^{a}ḥ, während die Schreibungen לָצוּר, יָשׁוּב, אָשִׁיב etwas hinter der wirklichen Aussprache zurückbleiben. אָשִׁיב לָךְ Zach. 9, 12 steht also auf völlig gleicher Stufe mit תַּצְמִיחַ לָךְ Gen. 3, 18 wo von vornherein keinerlei Veränderung der ursprünglichen Accentverhältnisse zu erwarten ist. — Man meine nicht, dass das Pathach furtivum lediglich durch die Wirkung des Gutturals entstanden sein könne: Bei continuirlich abfallendem Silbenaccent wäre die Entwicklung desselben kaum denkbar. Ueber den Vorgang vgl. Sievers, Phonetik[4] § 548, auch § 391; Streitberg, urgerm. Grammat. § 37.

Da ich annehme, dass die Punktatoren wortauslautendes ו nicht d
fast wie f, sondern ungefähr wie ŭ ausgesprochen haben wollten, so fasse ich שַׂמְתִּיו לָךְ Gen. 27, 37 nicht etwa als samtī́f lā́k auf, sondern als samtī́ŭ lā́k. Entsprechend וְאָחִיו מֵת Gen. 44, 20, וְעֵינָיו קָמָה 1. Sam. 4, 15, יַחְדָּו מֵתוּ 1. Chr. 10, 6 u. a. m. Desgleichen אוֹי לָנוּ 1. Sam. 4, 7. 8 = ǫ́ĭ lā́nū, nicht ó°y lā́nū. Vgl. Liber Proverbiorum ed. Baer-Delitzsch, pag. VIII Anm. 2.

Sobald ein derartiges Wort an den Anfang oder in die Mitte e
eines langen Taktes tritt, behauptet es den ihm in der Isolirung und auch noch im kurzen Takte zukommenden lautlichen Nachdruck ebensowenig wie irgend ein anderes Wort in gleicher Stellung; vielmehr wird ihm eine starke Einbusse an Accent zu teil, wie das in der Regel folgende Makkef andeutet. Diese Tonentziehung geschieht natürlich ohne Rücksicht darauf, wo das unmittelbar folgende Wort seinen Accent trägt. Wie wir z. B. Jos. 8, 22; 11, 8 lesen עַד־בִּלְתִּי הִשְׁאִיר־לָהֶם, so steht Jos. 10, 33 עַד־בִּלְתִּי הִשְׁאִיר־לוֹ; wie es weiter heisst לָשׂוּם־שְׁמִי שָׁם 1. Kön. 9, 3, so heisst es מִטֶּרֶם שׂוּם־אֶבֶן Hag. 2, 15. Ich führe ferner noch an mit event. zusammenstossenden Accenten: וְגַם־הוּא טוֹב־תֹּאַר 1. Kön. 1, 6, לִבְנוֹת־לָה בַיִת Zach. 5, 11, הַבָּאִים לָגוּר־שָׁם Jer. 44, 14, שִׂים־נָא כָבוֹד Jos. 7, 19, כִּי שָׁת־לִי אֱלֹהִים Gen. 4, 25. Bei

dieser Tonentziehung wird aller Wahrscheinlichkeit nach nicht nur die Stärke des Wortaccents stark verringert, sondern auch die Qualität des Silbenaccents verändert, und die Wortquantität verkürzt worden sein. Die Schrift kann das freilich nicht ausdrücken, aber es ist von vornherein wahrscheinlich und wird auch durch später anzuführende Analogien nahgelegt. Ich meine also, dass man im kurzen Takte zwar beispielsweise sprach שׂוּם אֶ֫בֶן sú"m ä́bän, im langen Takte dagegen etwa mittä̊räm sūm ä́bän Hag. 2, 15. Diese Annahme wird natürlich dadurch nicht widerlegt, dass das einmal fest ausgebildete Pathach furtivum im langen Takte vor Makkef nicht schwindet: הֵנִֽיחַ־ל֖וֹ מִסָּבִ֥יב 2. Sam. 7, 1.

Jenen makkefirten Formen werden in Tonentziehung und sonstiger Reducirung ziemlich nahstehen erheblich seltnere Fälle, wie אֲשֶׁ֣ר לֹ֣א זְכַרְתָּ֣ם ע֑וֹד Jer. 41, 9, אֲשֶׁ֤ר הִשְׁלִ֨יךְ שָׁ֜ם יִשְׁמָעֵ֗אל Ps. 88, 6, לֹ֣א הִשְׁבִּ֥ית לָ֛ךְ Ruth 4, 14.

§ 9 a Die gleichen Erscheinungen finden wir, wenn die geschlossene betonte Ultima ein aus *ai* monophtongisirtes ē enthält; und wir werden aus den gleichen Wirkungen auf die gleichen Ursachen zu schliessen haben. Bei der diphtongischen Herkunft des ē ist ja ein zweigipfliger Silbenaccent überdies ganz besonders nahliegend. Ich zweifle nicht, dass es sich bei dem aus au monophtongisirten ō ebenso verhalten wird, doch fehlen mir Beispiele. — Es liegen zahllose Beispiele vor, dass das negative אֵ֫ין und die Status constr. בֵּ֫ית, עֵ֫ין, בֵּ֫ין im kurzen Takte den Zusammenstoss mit einem unmittelbar folgenden Wortaccente ruhig geschehen lassen; z. B. אֵ֥ין בָּ֛ךְ Cant. 4, 7, אֵ֣ין לָ֑הּ Cant. 8, 8, וְאֵ֥ין ק֖וֹל 1. Kön. 18, 26, אֵ֥ין מַ֖יִם Zach. 9, 11; מִבֵּ֥ית לֶ֖חֶם Ruth 1, 2, כְּבֵ֣ית פֶּ֔רֶץ Ruth 4, 12, וּבֵ֣ית שָׁ֑מֶשׁ Jos. 19, 38, וּבֵ֣ית פָּ֑לֶט Jud. 15, 27; בְּעֵ֥ין דֹּֽר 1. Sam. 28, 7, עֵ֣ין שֶׁ֔מֶשׁ Jos. 18, 17, וְעֵ֥ין גֶּ֖דִי Jos. 15, 62, וּבֵ֥ין כָּ֖לַח Gen. 10, 12, בֵּ֥ין קֹ֖דֶשׁ Ez. 44, 23; ausserdem kenne ich אַשְׁרֵ֣יךְ אֶ֔רֶץ Qoh. 10, 17. Wir werden diese Verbindungen zu verstehen haben als é'n bák, mibbé't lä́ḥäm, b'é'n dó"r u. s. f. All diesen Beispielen gegenüber, denen ich noch weit zahlreichere zufügen könnte, habe ich im kurzen Takte nur gefunden וּבְבֵית־פָּ֑לֶט Neh. 11, 26, auch Hi. 22, 5 (vgl. § 7 b).

Erst im langen Takte, im Gedränge von mehr als zwei Worten wird die Enttonung von אֵין u. s. w. herrschend, wie וּבַבּוֹר אֵין־מַ֫יִם Jer. 38, 6 etwa ubabbŏr ēn máyim, וְאַנְשֵׁי בֵית־שֶׁמֶשׁ 1. Sam. 6, 15, וְיֹשְׁבֵי עֵין־דּוֹר Jos. 17, 11 u. a. m., ferner וְהַחֵיק־לָהּ אַמָּה Ez. 43, 17. Doch ist diese Tonentziehung hier ebensowenig wie oben von dem Zusammenprall der Wortaccente abhängig; sie findet sich auch hier ebensowohl bei völligem Auseinanderliegen der Accente, z. B. וְאֵין־קוֹל וְאֵין־עֹנֶה 1. Kön. 18, 29.

Jenen makkefirten Formen stehen endlich auch hier seltenere Beispiele zur Seite wie אֵין זָר אִתָּנוּ 1. Kön. 3, 18.

Ich will über die vielbesprochene Etymologie von אֵל kein b
Urteil abgeben, wenn ich hier anreihe אֵל חַי Jos. 3. 10, לְאֵל זָר Ps. 44, 21, אֵל זָר Ps. 81, 10, אֵל אָנִי Ez. 28, 2; also offenbar ebenfalls mit zweigipfligem Silbenaccent, wie ếl zu sprechen. Lange Takte: אֵל־רַחוּם וְחַנּוּן Ps. 86, 15, אֶל־אֵל חָי Ps. 84, 3. — Ferner וְהֵמַת לוֹ 1. Kön. 16, 4.

Es wird jetzt durchaus begreiflich erscheinen, dass auch bei §10a
dem betonten Auslaut *ay* gegebenen Falls keinerlei Ausweichen stattfindet. Man sprach eben nicht áy, sondern etwa ắi, ắï. Ich kenne folgende Beispiele: אֹיְבַי שֶׁקֶר Ps. 69, 5, אֱלֹהַי אָתָּה Ps. 31, 15, וּפָנַי אָרְצָה Dan. 10, 9, בָּנַי הֵם Gen. 48, 9, דְּבָרַי לָעוּ Hi. 6, 3, וַחֲשׂוּפַי שֵׁת Jes. 20, 4; Ps. 38, 20. Diesen kurzen Takten füge ich der Vollständigkeit halber noch folgende lange hinzu: אֶת־דְּבָרַי אֵלֶּה Deut. 11, 18, וַיָּבֵא אֵלַי אִישׁ 1. Kön. 20, 39, כִּי־יָמִיטוּ עָלַי אָוֶן Ps. 55, 4, כָּל מַעְיָנַי בָּךְ Ps. 87, 7, ferner Ps. 3, 8; 30, 2; 88, 18.

Ebenso würde es sich voraussichtlich bei der betonten Schluss- b
endung aw verhalten, wenn sich dieselbe genügend nachweisen liesse. Ich kenne nur קַו־תֹהוּ Jes. 34, 11, was, trotzdem es einen kurzen Takt ausmacht, ein beabsichtigtes Ausweichen nicht beweist. Wahrscheinlich wird es mit חַי־אָנִי Ez. 17, 16 auf einer Stufe stehen, also nach § 7 b zu erklären sein, wie für חַי־אָנִי durch das unzählige Male vorkommende חַי־יְהוָה überdies klargestellt wird.

Wir kommen jetzt dazu, den Silbenaccent der tongedehnten § 11
Vokale in geschlossener Ultima zu untersuchen. Zunächst

das *ā*. Da dieses beim Zusammenstoss mit einem unmittelbar folgenden Accent niemals das Bedürfniss zeigt, dem Zusammenstoss auszuweichen, so wird man daraus auf die ungefähre Natur seines Silbenaccents schliessen können. Ich nenne folgende sehr vermehrbare Beispiele: כְּאָח֣ לִ֑י Cant. 8, 1, מֻצָּ֣ב אַ֔רְצָה Gen. 28, 12, וְהָעָ֣ם נָ֔סוּ 1. Chr. 11, 13, נִצָּ֖ב מֶֽלֶךְ׃ 1. Kön. 22, 48, מְדֻבָּ֣ר בָּ֑ךְ Ps. 87, 3, מִמִּדְבָּ֣ר בָּ֔א מִגְרָ֣שׁ ל֑וֹ Ez. 45, 2, מִשְׁעָ֣ן לִֽי 2. Sam. 22, 19, Ps. 18, 19, מִדְבָּ֣ר בָּ֔א Jes. 21, 1, עָשָׁ֣ן בָּ֔א Jes. 14, 31, דָּבָ֣ר ט֑וֹב 1. Kön. 14, 13, דָּבָ֣ר ט֔וֹב Ps. 45, 2, קָהָ֣ל רָ֔ב Ez. 38, 4; 17, 17, מֵאוֹצָ֣ר רָ֔ב Prov. 15, 16, דָּבָ֣ר מָ֑ר Ps. 64, 4, דָּבָ֣ר רָ֔ע Ps. 64, 6, אֶחָ֣ד ה֑וּא Gen. 41, 25, אֶחָ֖ד ה֑וּא Gen. 41, 26, הָמָ֣ס לָ֔מוֹ Ps. 73, 6, בִּשְׁאָ֣ט נֶ֔פֶשׁ Ez. 36, 5. Wenn auch in einigen dieser kurzen Takte die Beibehaltung der ursprünglichen Accente durch den Satzaccent erklärt werden kann, so wirkt doch die Menge der Beispiele, denen keine einzige Ausnahme gegenübergestellt werden kann, völlig beweisend. תָּֽם־אָ֑נִי Hi. 9, 20 allgemein nach § 7b.

Hier auch in den längeren Takten wohl nie Makkef: Gen. 3, 19, 1. Sam. 2, 23, Koh. 10, 16, Jes. 8, 23, Hos. 12, 12, Ps. 31, 14; 56, 5. 12; 63, 12; 89, 11, Hi. 10, 4; 22, 24; 28, 26; — dagegen Ps. 35, 14 (§ 7b).

§ 12a Beim tongedehnten *ē* in geschlossener Ultima, wo ausserordentlich zahlreiche und verschiedenartige Beispiele vorliegen, kommen wir zu einem leicht abweichenden Ergebnisse. Da wir nunmehr wissen, was Pathach furtivum eigentlich ist, so wird uns durch Formen wie זֹבֵחַ zōbē^{a}ḥ sofort klar sein, dass derartige Schlusssilben zweigipfligen, zur Zweisilbigkeit neigenden Silbenaccent haben. Aber sie haben ihn, auch im kurzen Takte, nicht immer; und hierdurch unterscheidet sich das tongedehnte ē in geschlossener Ultima von dem monophtongisirten ē und auch von dem tongedehnten ā.

b Wir lesen Dan. 8, 19 לְמוֹעֵ֣ד קֵֽץ; Gen. 45, 26 יוֹסֵ֣ף חַ֔י; Neh. 6, 13 לְשֵׁ֣ם רָ֑ע; לְעֵ֣ת עֶ֔רֶב Gen. 24, 11, לְעֵ֣ת עֶ֔רֶב Jes. 17, 14, auch Hi. 38, 23; unzählige mal בְּאֵ֣ר שֶׁ֑בַע oder בְּאֵ֣ר שֶׁ֔בַע. Das deutet übereinstimmend auf Aussprachen wie l^{e}mō^{c}ē^{e}d qē^{e}ṣ, yōsē^{e}f ḥái, l^{e}šē^{e}m rá^{a}, l^{e}ē^{e}t ^{c}ărāb, b^{e}ē^{e}r šába^{c}. Weiter מִסְפֵּ֣ד מָ֑ר Ez. 27, 31, וּבְמַקֵּ֣ל יָ֔ד Ez. 39, 9 u. a. m. Auch im längeren Takte bleibt zunächst mindestens noch die Länge des ē, selbst bei völliger Enttonung durch Makkef; so וְהָיָה לְעֵת־עֶרֶב Zach. 14, 7, ähnlich 1. Kön. 8, 65; דֶּרֶךְ בְּאֵר שָׁבַע Am. 8, 14, ähnlich 2. Sam. 17, 11, auch Ps. 55, 24; 69, 16; בְּאֵר־שֶׁבַע וְשֶׁבַע Jos. 19, 2, מִבְּאֵר־שֶׁבַע וְעַד־דָּן 2. Chr. 30, 5. Aber offenbar verschiebt sich in langen Takten naturgemäss die Qualität des Silbenaccents im Zusammenhange mit der Verringerung der Wortquantität: Wir haben nicht mehr zweigipfliges mōʿēᵉd, ʿēᵉt u. s. w., sondern eingipfliges mōʿēd, ʿēt. Das ist nicht nur von vornherein wahrscheinlich, sondern wird auch direkt bewiesen durch לְעֶת־קֵץ הֶחָזוֹן Dan. 8, 17; denn das hier ganz reducirte ʿăt setzt ʿēt als Durchgangsstufe aus ʿēᵉt voraus. Ebenso עַל שֶׁם־שֶׁמֶר 1. Kön. 16, 24 ʿál šäm šámär: Šäm über šēm aus šēᵉm; desgl. וְגַם שֶׁם־עִיר Ez. 39, 16. Daneben aber auch noch וְשֵׁם־הָעִיר מִיּוֹם Ez. 48, 35. Vergl. noch 2. Sam. 15, 13, Qoh. 9, 7.

Die Verbalsuffixe ךָ‥ und ם‥ scheinen zweigipfligen Silbenaccent c
zu haben; daher ohne Ausweichen: אִיעָצֵךְ נָא 1. Kön. 1, 12, וְאֹכְלֵם שָׁם Hos. 13, 8, יֹאכְלֵם עָשׁ Jes. 51, 8, יֹאכְלֵם סָס ibid., Ps. 21, 10; 35, 3, auch 2. Chr. 25, 14. — הֵם הֵם Jes. 57, 6 ladet zu ähnlicher Folgerung ein; vgl. Jes. 61, 9.

Dagegen hat יֵשׁ offenbar von vornherein einen kürzeren Silben- d
accent, der den Zusammenstoss zweier Wortaccente unangenehm empfinden lässt. Daher יֶשׁ־הֶבֶל Qoh. 8, 14, also yăš hăbăl, ausweichend für yēš hăbăl. Ebenso יֶשׁ־לָנוּ Gen. 44, 20, וְיֶשׁ־בָּם Gen. 47, 6. Und diese Praxis des kurzen Taktes sehen wir recht entschieden beim langen Takte durchschimmern, s. Gen. 33, 9; 39, 5. 8; 42, 2, Jud. 4, 20, Ruth 1, 12, 1. Kön. 17, 12; 18, 10, 2. Chr. 25, 8, Jer. 41, 8, wo überall יֶשׁ־ + vornbetontes Wort. Dagegen הֲיֵשׁ לָכֶם אָח Gen. 43, 7, ähnlich 44, 19, לֹא יֵשׁ־בֵּינֵינוּ מוֹכִיחַ Hi. 9, 33, Qoh. 2, 21, Hi. 6, 30; etwa hᵃyēš lākäm ắḥ.

Aeusserst zahlreiche Beispiele liegen beim eigentlichen Verbum § 13a
vor. Zunächst vom transit. Particip. act. Qal. Man wird aus יֹשֵׁב שָׁם 1. Kön. 17, 19, אֹכֵל לֶחֶם 1. Kön. 21, 5, יֹשֵׁב אֹהֶל Gen. 4, 20, עֹזֵר לִי Ps. 54, 6, אֹהֵב שֹׁחַד Jes. 1, 23, כֹּהֵן אוֹן Gen. 41, 50, שֹׁפֵט צֶדֶק Jer. 11, 20, נֹצֵר פִּיו Prov. 13, 3 u. a. m., endlich aus

נֹגֵעַ בּוֹ 1. Kön. 19, 5 u. a. zu schliessen haben, dass das ē des transit. Part. act. Qal einen zur Zweisilbigkeit neigenden Silbenaccent hat, dass mithin ein Grund zur Beseitigung zusammenprallender Accente nicht vorlag. Also yōšḗᵉb šā́ᵃm, ōkḗᵉl lā́ḥäm u. s. w.

b Nun finden wir aber ganz auffallend häufig in Prov., vereinzelt anderswo, gegebenen Falls Rückziehung des Accents beim transit. Partic. act. Qal. Man mag aus dem Umstande, dass sich diese Accentverrückung fast nur in Prov. zusammengedrängt findet, schliessen, dass sie mehr individuelle Eigentümlichkeit eines Accentuators gewesen: Immerhin wird man zugeben müssen, dass der betreffende Accentuator den Silbenaccent des ē anders, und zwar nicht so zweigipflig auffasste, als die andern. So findet man: אֹהֵב דָּעַת Prov. 12, 1, שֹׁחֵר טוֹב Prov. 11, 27, יֹסֵר לֵץ Prov. 9, 7, קֹרֵץ עַיִן Prov. 10, 10, אֹהֵב פֶּשַׁע Prov. 17, 19, וְאֹזֵל לוֹ Prov. 20, 14. Ausserhalb Prov., wie gesagt, nur vereinzelt, wie עֹרֵף כֶּלֶב Jes. 66, 3, טֹרֵף טָרֶף Ez. 22, 25. Beständig aber mit rückweichendem Accente das compositionsähnliche שֹׁלֵף חֶרֶב, so שֹׁלֵף חֶרֶב Jud. 20, 2, desgl. Jud. 8, 10; 20, 15. 17. 35, 2. Sam. 24, 9, 2. Kön. 3, 26, 1. Chr. 21, 5. Die Länge des ē erscheint hier trotz der Enttonung überall gewahrt. Also ṓhēb dā́ʿat, šṓḥēr ṭṓᵒb u. s. w.

c Man wird bei diesem Befund anzunehmen haben, dass der Silbenaccent des ē im transit. Part. act. Qal kein überall ganz feststehender, vielmehr ein schwankender ist, je nach individueller Auffassung. — Aber der Accentuator, welcher den Accent des transit. Part. act. Qal eventuell zurückziehen zu müssen glaubte, ist noch ein Stück weitergegangen, sicher mit Unrecht, mechanisch sich selbst nachahmend: Er hat einigemale rückweichenden Accent sogar dann eingeführt, wenn dem ē noch Pathach furtivum folgte, wenn also der zweisilbige Charakter des Silbenaccents ausdrücklich und bestimmt anerkannt war. Es scheint völlig undenkbar, dass in Fällen wie bōṣḗᵃᶜ bā́ṣaʿ jemals ein zum Ausweichen auffordernder Zusammenprall zweier Accente empfunden sein könnte. Gleichwohl finden wir כָּל־בֹּצֵעַ בָּצַע Prov. 1, 19, ebenso מֹנֵעַ בָּר Prov. 11, 26, בּוֹקֵעַ מַיִם

Jes. 63, 12; vgl. Baer zu Prov. 1, 19. Dagegen תִּֽקַע כָּ֑ף Prov. 17, 18; und so auch sonst immer, z. B. Gen. 25, 27, 1. Sam. 2, 13.

Auch im langen Takte bleibt die Länge dieses ē, selbst bei völliger Enttonung durch Makkef; vergl. כָּל־הֹרֵ֣ג קַ֔יִן Gen. 4, 15, שִׁלְחוּ־כַ֥ר מֹשֵֽׁל־אֶ֖רֶץ Jes. 16, 1. Aber sicher wird man hier den kürzeren Silbenaccent des ē anzunehmen haben: kŏl hōrĕg qáyin. Nur einmal findet sich wirklich אֶת־הֹ֣לֶם פָּ֑עַם Jes. 41, 7 mit völliger Reducirung des ē. d

Auch in den übrigen Verbalformen zeigt das tongedehnte ē in geschlossener Ultima schwankenden Silbenaccent, aber doch so, dass — anders als beim transit. Part. act. Qal — der kürzere, sicher eingipflige Silbenaccent ganz unendlich überwiegt. Es liegen nur sehr wenige Fälle vor, in denen wir den Silbenaccent des ē, also den längeren, zweigipfligen, als Ursache des nicht beliebten Ausweichens ansehen können oder müssen. Durchaus vorherrschend weicht man hier vielmehr dem Zusammenprall zweier Wortaccente aus. — Dabei lässt sich beobachten, dass das durch rückweichenden Accent oder durch Makkef nunmehr des Wortaccents beraubte ē sich zu verkürzen pflegt, sobald die Penultima selbst eine Kürze ist; ist die Penultima dagegen eine Länge, so wird in dieser Hinsicht weniger einheitlich verfahren. § 14 a

Im Hitpael finden wir הִֽתְהַלֶּךְ־נֹֽחַ Gen. 6, 9, יִתְפַּלֶּל־ל֑וֹ 1. Sam. 2, 25, לְהִֽתְנַדֶּב־לָֽךְ 1. Chr. 29, 17, וַֽיִּתְחַנֶּן־ל֑וֹ Hos. 12, 5, also entschiedene Hinweise auf den kürzeren Silbenaccent. Demgegenüber kann הִתְיַצֵּ֣ב כֹּ֑ה 2. Sam. 18, 30 ebensowenig als sicheres Zeugniss für den längeren Silbenaccent in Anspruch genommen werden, wie der Umstand, dass Ben Naftali auch an jenen Stellen — nach seiner Weise — הִֽתְהַלֵּ֣ךְ נֹ֑חַ u. s. w. schreibt. Vgl. noch יִתְעַלֶּם־שָֽׁלֶג Hi. 6, 16; Hi. 19, 16; Ps. 39, 7.

Vom Piel finde ich eigentlich auch nur ausweichende Combinationen, die also auf den kürzeren Silbenaccent des ē schliessen lassen. So יְחָ֣רֶף צָ֑ר Ps. 74, 10 y^eḥā́rĕf ṣā^ar für y^eḥārḗf ṣā^ar, ebenso Prov. 22, 10, Jes. 49, 7; 66, 3; sodann לְצַ֥חֶק בָּ֑נוּ Gen. 39, 14 l^eṣáḥăq bā́nū für l^eṣaḥḗq bā́nu, ebenso Gen. 39, 17, Hi. 8, 18, Hos. 9, 2; b endlich וַיְחַבֶּק־לוֹ וַיְנַשֶּׁק־לוֹ Gen. 29, 13, ebenso Prov. 17, 19, Hi. 8, 3, 1. Kön. 2, 19, Jes. 44, 14, Jes. 59, 4. Demgegenüber wird לְדַבֵּר כֵּן Jud. 12, 6 kein sicherer Zeuge für eine zweigipflige Betonung sein können, vielmehr aller Wahrscheinlichkeit nach = l^{e}dabbĕr kē^{e}n; desgl. מְבַשֵּׂר טוֹב Jes. 52, 7.

c Beim intrans. Perf. und Partic. Qal finden wir חָצֵב בּוֹ Jes. 5, 2 auf zweigipfligen Silbenaccent, also auf ḥāsē^{e}b bō hinweisend. So auch יָשֵׁן הוּא 1. Kön. 18, 27; doch kann hier das Nichtausweichen auch durch den Satzaccent erklärt werden, s. § 32 d. שָׁלֵו בָהּ Ez. 23, 42 wird als šālē^{u} bāh zu denken sein, nicht als šālē^{e}f bāh; vgl. oben § 8 d. Demgegenüber stehen aber נָבֵל צִיץ Jes. 40, 7 nābēl ṣîṣ für nābēl ṣîṣ, ähnlich v. 8, כִּי חָפֵץ בִּי Ps. 18, 20, ähnlich Ps. 22, 9, 2. Sam. 22, 20. — Andere Qalformen: יֵלֶךְ דָּבֶר Hab. 3, 5 אֵלֶךְ לִי Cant. 4, 6; לָתֵת לָהּ Est. 2, 9 (vgl. Baer zur Stelle), תִּתֵּן־דֹּפִי Ps. 50, 20; auch וַיֶּט־שָׁם Gen. 26, 25, וַיֶּט־לוֹ 1. Chr. 15, 1. Alles ausweichend, also auf den kürzeren Silbenaccent deutend.

d Auch im Imperf., Infinitiv, Imperat. Nifal herrscht der kürzere Silbenaccent. Daher וְיִנָּתֵן לָךְ Est. 9, 12, ähnlich Est. 2, 13; 5, 3; 3, 14; 8, 13; אִם־יִוָּלֵד גּוֹי Jes. 66, 8; יִוָּתֶר בָּהּ Zach. 13, 8, ferner Gen. 21, 5, Zach. 13, 8, Prov. 13, 13, Ez. 33, 12, Jud. 9, 38; 11, 27. 32, Neh. 4, 14, Qoh. 7, 26, also alles ausweichend. Demgegenüber können יֵאָמֶן נָא דְּבָרְךָ 1. Kön. 8, 26, וַתִּשָּׁאֵר הִיא וּשְׁנֵי בָנֶיהָ Ruth 1, 3 nicht als sichere Beispiele des eines zweigipfligen Silbenaccentes wegen unterbliebenen Ausweichens angeführt werden; denn hier können auch der Satz- bez. der logische Accent Hinderungsgründe sein; vgl. § 35 d.

e Ebenso ist im Poʿel der kürzere Accent herrschend. Daher gegebenen Falls beständig rückweichender Accent; z. B. יְפֹצֵץ סָלַע Jer. 23, 29, תְּסוֹבֵב גָּבֶר Jer. 31, 22, weiter Prov. 25, 33; 14, 34; 26, 10, Ps. 60, 3; 90, 2; 37, 7, Hi. 30, 20; 35, 14. Demgegenüber kann Thren. 1, 22 וְעוֹלֵל לָמוֹ כַּאֲשֶׁר עוֹלַלְתָּ לִי wiederum nicht als Beispiel des aus Gründen eines zweigipfligen Silbenaccentes unterbliebenen Ausweichens angeführt werden, denn hier ist der logische Accent mit Sicherheit als Hinderungsgrund anzunehmen; vgl. § 36 e.

Im Hifil haben wir ein sicheres Beispiel des zweigipfligen Silbenaccentes in וְהָכֵן לָךְ Jer. 46, 14, das durch sein sonst nicht zu begründendes Nichtausweichen auf w^{e}hākē^{e}n lák deutet. Ebenso הָצֵר לוֹ 2. Chr. 28, 22, Jes. 59, 4, allenfalls auch Qoh. 11, 10. Demgegenüber stehen aber וְיָבֵן אֵלֶּה Hos. 14, 10, תָּהֶל אוֹר Hi. 41, 10, weiter Ps. 91, 4, Jud. 6, 31, Gen. 31, 7, durchaus auf den kürzeren Silbenaccent deutend. Ebenso וַיַּגֶּד־לוֹ 2. Sam. 14, 33, weiter Gen. 27, 25, Jer. 42, 3. Fälle wie וַתַּפֵּל אַרְצָה Dan. 8, 10, לְהַסֵּךְ לָהּ Jer. 44, 19 sind nach keiner Seite hin entscheidend. f

Vom tongedehnten ō in geschlossener Ultima liegen erheblich weniger Beispiele vor, als vom tongedehnten ē. Dazu fast nur solche, in denen zur Vermeidung eines Zusammenpralls Tonentziehung angezeigt wäre. Gleichwohl lässt sich mit Sicherheit erkennen, dass tongedehntes ō in geschlossener Ultima gradeso wie tongedehntes ē in gleicher Stellung schwankenden Silbenaccent hat. Die zur Zweisilbigkeit neigende Zweigipfligkeit des Silbenaccents wird auch beim ō von vornherein bezeugt durch Formen wie שְׁלֹחַ š^{e}lō^{a}ḥ. Daher selbstverständlich לִזְבֹּחַ שָׁם 1. Kön. 3, 4 lizbō^{a}ḥ šám; ferner לִשְׁאֹב מַיִם Gen. 24, 13 liš'ō^{o}b máyim, וְלָבֹז בַּז Jes. 10, 6, ähnlich Ez. 38, 12. 13; auch Neh. 8, 11. — Keineswegs aber hält tongedehntes ō an diesem zweigipfligen Accent beständig zäh fest. § 15a

Das sieht man deutlich aus sehr zahlreichen Fällen wie יִמְשָׁל־בָּךְ Gen. 3, 16, וַתַּעֲמֹד־שָׁם 1. Sam. 6, 14, לִשְׁבָּר־אֹכֶל Gen. 42, 7. 10 u. a. m. Man wollte also sprechen yimšṓl bák u. s. f., was aber lästig empfunden und deshalb in yimšol bák umgestaltet wurde. Wie man sieht, bewahrt das tongedehnte ō bei der Enttonung durch Makkef ebensowenig seine Länge, wie es hier das tongedehnte ē tun würde. b

Enthält die geschlossene betonte Ultima ein Segol, so weicht man bei אֲשֶׁר, nach Ausweis sehr zahlreicher Beispiele, soviel ich sehe, beständig dem Zusammenprall zweier Wortaccente aus, indem אֲשֶׁר mittelst Makkef enttont wird. Ebenso kenne ich von דִּבֶּר: דִּבֶּר־לוֹ Jos. 13, 14, ähnlich 2. Sam. 23, 2. Demnach wird anzunehmen sein, dass אֲשֶׁר, דִּבֶּר auf der Ultima von einem eingipfligen, § 16a wahrscheinlich stark abschneidenden Accente getroffen werden, dass Segol hier vermutlich kurz ist.

b Anders aber ist es bei der Flexionsendung תֶּם. Leider liegen von dieser in der betr. Accentcombination nicht allzu viele Beispiele vor; aber sie genügen doch, um bei תֶּם dasselbe Schwanken des Silbenaccents klarzustellen, das wir bei tongedehntem ē und ō in geschl. Ultima kennen gelernt haben. Aller Wahrscheinlichkeit und Analogie nach, werden wir in תֶּם also auch ein tongedehntes Segol anzunehmen haben.

Häufiger weicht man aus. Ich kenne וּנְתַתֶּם־לִי Jos. 2, 12; ferner וִהְיִיתֶם לִי Jer. 11, 4, ebenso Hes. 36, 28, ähnlich Jes. 28, 18, Hi. 6, 21, וּשְׁתִיתֶם דָּם Hes. 39, 17, ähnlich v. 19, וַעֲשִׂיתֶם לָנוּ 1. Sam. 11, 10, עֲשִׂיתֶם לוֹ Jud. 9, 16, ferner Deut. 4, 25; 19, 19; sogar אֲשֶׁר־בָּאתֶם שָׁם Ez. 36, 22 und Ex. 19, 5 ungeachtet der längeren Takte.

Dagegen deuten die folgenden Beispiele auf irgend einen schwachgeschnittenen oder zweigipfligen Silbenaccent: וַהֲבֵאתֶם עֵץ Hag. 1, 8, קְרָאתֶם לָנוּ Jud. 14, 15. Ich führe auch an וְנַחְבֵּאתֶם שָׁמָּה שְׁלֹשֶׁת יָמִים Jos. 2, 16, מִשְׁתַּחֲוִיתֶם קֵדְמָה לַשָּׁמֶשׁ Ez. 8, 16, obwohl hier auch der Satzaccent zur Erklärung des Nichtausweichens herbeigezogen werden könnte; weiter Num. 29, 12, Deut. 12, 6. חֲרַשְׁתֶּם רֶשַׁע Hos. 10, 13 ist nicht beweisend. Ich übergehe natürlich lange Takte, wie 1. Sam. 6, 8, 2. Sam. 7, 7, 1. Chr. 17, 6, Num. 17, 24. — Und bei den parallelen Suffixen כֶם, הֶם, הֶן finde ich nie ein Ausweichen. Ich kenne folgende Beispiele: וּמַרְאֵיהֶן רַע Gen. 41, 21, לָכֶם הוּא Gen. 45, 20 (in welchem Beispiele aber wieder der Satzaccent zur Erklärung herbeigezogen werden könnte, s. § 32d), וּפְנֵיהֶם קֵדְמָה Ez. 8, 16, דְּמֵיהֶם בָּם Lev. 20, 11; abgesehen von langen Takten wie Gen. 43, 7, Jer. 42, 11, 1. Chr. 13, 2, Joel 2, 19; 4, 4, Hi. 22, 18.

§ 17a Wir kommen schliesslich dazu, den S i l b e n a c c e n t solcher b e t o n t e r w o r t a u s l a u t e n d e r S i l b e n zu u n t e r s u c h e n, die o f f e n s i n d, oder offen geworden sind. Der Vokal dieser Silben kann nur lang sein, sei es gemäss der natürlichen Bildung, sei es in Folge von Accentdehnung oder Ersatzdehnung.

Wenn das ursprünglich lange ī in betonter geschlossener Ultima b
in Folge der tatsächlichen Aufgabe eines auslautenden א selbst in den Auslaut tritt, so verändert sich der ursprünglich zweigipflige Silbenaccent derartig, dass Zusammenprall mit einem unmittelbar folgenden Wortaccent nunmehr lästig empfunden wird und zum Ausweichen auffordert. Aus der ursprünglichen Betonung von beispielsweise הוֹצִיא hōṣī’ wird also beim tatsächlichen Schwund des א etwa hōṣí. Daher mit rückw. Accent הֵבִיא לָנוּ Gen. 39, 14, לְהוֹצִיא לֶחֶם Ps. 104, 14, לְהוֹצִיא בוֹ Ez. 12, 12, weiter Hi. 28, 11, Prov. 30, 33, Jes. 58, 7; 60, 17, Mi. 1, 15. — Demgegenüber wird לְהָבִיא גַת 1. Sam. 27, 11 einen besonderen Grund der Abweichung haben; vgl. § 39a.

Sonst kommt von auslautendem ī noch das Suffix der 1. Pers. c
sing. in Betracht, das nach Ausweis zahlreicher Beispiele ebenfalls irgend einen Silbenaccent trägt, der den Zusammenprall mit einem anderen Wortaccent lästig empfinden lässt. Daher beispielsweise בַּעֲשׂוֹתִי בָהּ Ez. 28, 22 ba‘ᵃsōtī báh für ursprüngliches ba‘ᵃsōtí báh, אָבִי אָתָּה Ps. 89, 27 (vgl. § 32c). Demgegenüber finden wir nun ausnahmslos אָחִי הוּא Gen. 20, 13, 1. Kön. 20, 32, אָחִי הוּא Gen. 20, 5, הֲכִי־אָחִי אַתָּה Gen. 29, 15. Ich glaube kaum, dass etwas anderes übrig bleibt, als einen gewissen Einfluss des Gutturals anzunehmen, auf den man schon früher hingewiesen hat. Es kann aber wohl nur ein Einfluss auf den Silbenaccent sein. Wohl denkbar scheint es, dass namentlich das zwischen ḥ und h stehende ī den Silbenaccent geändert habe; doch verzichte ich auf jede weitere Vermutung. Vgl. § 18c.

Beispiele des auslautend gewordenen ō werden in reicher Fülle § 18a
geliefert durch das Imperfektum des Verbums בּוֹא, dessen Indikativ יָבוֹא ein von Natur langes ō aufweist, während das eigentlich nur tongedehnte ō des gleichlautenden Jussivs in Ersatz des schwindenden א gleichfalls das Wesen eines naturlangen angenommen hat.*) Auch

*) Ich bemerke hier nochmal besonders, dass ich die Baer-Delitzschen Texte zu Grunde gelegt habe. Man wird in manchen Ausgaben Einzelnes anders finden; vgl. Wijnkoop S. 44 ff.

diese nunmehr wortauslautenden, betonten ō haben den ursprünglichen, zweigipfligen Accent derart verändert, dass der Zusammenprall mit einem unmittelbar folgenden Wortaccent nunmehr lästig empfunden wird und zum Ausweichen auffordert. Daher יָבֹא בִי Ps. 55, 6, vgl. Baer z. St., יָבוֹא לָךְ Zach. 9, 9, weiter Deut. 1, 38, Jer. 4, 12; 17, 15, Hi. 3, 25, Jes. 7, 24. — Ausgewichen ist weiter: כִּמְבוֹא־עָם Ez. 33, 31, לַחֲטֹא־לוֹ Ps. 78, 17, לִבְזֹה־נֶפֶשׁ Jes. 49, 7.

b Aber in den prosaisch accentuirten Büchern hat sich die Praxis ausgebildet, den Accent der mit ו convers. verbundenen Imperfektformen jenes Verbums gegebenen Falls nicht ausweichen zu lassen. Daher וַיָּבוֹא שָׁמָּה 2. Kön. 4, 11. Ich kann eine innere Berechtigung dieser Erscheinung nicht entdecken, und möchte glauben, dass lediglich Schulmeinung hier eine Regel aufgestellt hat. Die Form וַיָּבוֹא kam ja in ihrer natürlichen Ultimabetonung ausserordentlich häufig vor; zudem liegen eine verhältnissmässig grosse Anzahl von Fällen vor, in denen trotz des Zusammenstosses mit einem folgenden Wortaccente jene natürliche Betonung aus diesem oder jenem Grunde nicht gestört zu werden brauchte. Möglich dass man davon eine Regel abstrahirt hat. Vgl. Gen. 7, 7, 2. Sam. 12, 4, 1. Chr. 21, 11, Ez. 33, 4. 6; 1. Kön. 19, 9, Ez. 2, 2. — Aber in den poetisch accentuirten Büchern hat Ben Ascher unsrer Erwartung gemäss וַיָּבֹא רֹגֶז Hi. 3, 26, וַיָּבֹא רָע Hi. 30, 26, וַיָּבֹא אֹפֶל ibid. mit rückweichendem Accent, während Ben Naftali auch hier den Zusammenprall der Accente nicht scheut.

c Auch das auslautende ō des Personalsuffixes ist keineswegs mit dem zweigipfligen Silbenaccent behaftet, den man zumal bei seiner diphtongischen Herkunft erwarten könnte. Vielmehr empfindet man auch bei diesem ō den Zusammenstoss mit einem folgenden Wortaccent störend und weicht in Folge dessen aus. So אֲכָלוֹ עָשׁ Hi. 13, 28, עֲבָרוֹ יָיִן Jer. 23, 9, ferner Hi. 31, 29, Lev. 25, 50. — בִּהְיֹתוֹ חַי 1. Kön. 12, 6, 2. Chr. 10, 6 ist die einzige mir bekannte Abweichung, für die ich keinen anderen Grund wüsste, als eine bereits § 17 c vermutete Einwirkung des Gutturals auf den Silbenaccent. In לֹא־יְדָעוֹ עָיִט Hi. 28, 7 wäre rückweichender Accent schon wegen des etwas längeren Taktes nicht durchaus nötig.

Auch auslautendes é verträgt den Zusammenstoss mit einem unmittelbar folgenden Wortaccent nicht. Es gehört hierher zunächst das durch tatsächliche Aufgabe eines auslautenden א nunmehr selbst in den Auslaut tretende tongedehnte ē. Der kürzere, eingipflige Silbenaccent ist hier, wie es scheint, ganz und gar an Stelle des schwankenden Silbenaccents (§ 13 u. 14) getreten. Beispiele: מָלֵא מָיִם Ps. 65, 10, יִמָּצֵא לָךְ 1. Chr. 28, 9, וַיָּבֵא רָע Jer. 31, 2, weiter Gen. 4, 16, Jud. 9, 15. 39, 2. Sam. 18, 18, Jes. 1, 26; 51, 3, Ps. 71, 8, Jes. 14, 29; 51, 3, Hi. 28, 5; 31, 40; 36, 16, Jer. 13, 12; מְלֵא־מָיִם 1. Kön. 18, 35. § 19 a

Die einzige mir bekannte Abweichung ist מָלֵא רָע Qoh. 9, 3; vgl. § 29.

Ferner die den dritten Radikal enthaltende Endung הֵ im Stat. constr. der Participia und andrer Ableitungen der Wurzeln ל״ה, wie עֹשֵׂה פֶלֶא Ps. 77, 15, עֹשֵׂה אֵלֶּה Ps. 15, 5, weiter Jes. 64, 4, Jer. 4, 29; 17, 11, Hi. 9, 9; בִּשְׂדֵה־צֹעַן Ps. 78, 43. Ebenso im Imperativ der ל״ה, wie וַעֲשֵׂה־כֵן 1. Kön. 22, 22, קְנֵה־לָךְ Ruth 4, 8. b

Ueber die Endung ē des Stat. constr. plur. s. § 26 c d. — אַיֵּה־הֵם Zach. 1, 5.

Ob das ursprünglich lange ā seinen zweigipfligen Accent verändert, wenn es durch tatsächlichen Schwund eines auslautenden א selbst in den Auslaut tritt, ist zweifelhaft. Ich finde בָּא בוֹ Ez. 44, 2, הַבָּא לוֹ 2. Sam. 12, 4, was nach Beibehaltung des zweigipfligen Accentes aussieht, aber keineswegs beweisend ist. Noch weniger sind Stellen wie 1. Kön. 13, 10, Ez. 46, 9 beweisend. § 20 a

Beim secundär gedehnten ā fällt auf וּכְמוֹצָא מַיִם Jes. 58, 11 wegen des unterbliebenen Rückweichens des Accentes. Aber einen Schluss auf die Qualität des Silbenaccentes möchte ich aus diesem Beispiel umsoweniger ziehen, als durch den sich unmittelbar anschliessenden Relativsatz der auf מוצא fallende Satzaccent leicht herabgemindert sein kann, so dass aus diesem Grunde ein Ausweichen nicht vorläge. Demgegenüber מֹצָא דֶשֶׁא Hi. 38, 27. Dazu kommt ferner, dass auch נִמְלָא־טָל Cant. 5, 2, נִמְצָא־חֵן Gen. 47, 25 und namentlich קֹרָא לָךְ Jes. 48, 8, ähnlich Jes. 62, 2, קֹרָא לַיְלָה

Gen. 1, 5, ähnlich Gen. 31, 47, Hi. 37, 22 entschieden ausweichen, also auf kürzeren eingipfligen Silbenaccent deuten.

b Das den dritten Radikal enthaltende auslautende ā der Perfekta ל״ה, sowie das auslautende ā der 3. Pers. fem. sing. Perf., ebenso das ā des Cohortativs haben nach Ausweis äusserst zahlreicher Beispiele durchaus nur zum Ausweichen auffordernden Silbenaccent; z. B. הָיָה לָּנוּ 1. Sam. 6, 9, נָגְעָה בָּנוּ ibid., תְּנָה־לִּי Hos. 13, 10.

§ 21 Auch ausl. Segol hat einen Silbenaccent, der den Zusammenstoss mit einem folgenden Wortaccent lästig empfinden lässt und zum Ausweichen auffordert. Es liegen äusserst zahlreiche Fälle vor, wie בֹּנֶה עִיר Gen. 4, 17, יֵעָשֶׂה לָּךְ Ob. 15; אֶהְגֶּה־בָּךְ Ps. 63, 8. — Demgegenüber ist mir nur bekannt הַפֹּנֶה נֶגְבָּה Jos. 15, 2, wo ohne einen erkennbaren Grund der Accent an seiner Stelle gelassen ist. רֹעֶה אֵפֶר Jes. 44, 20 findet seine Erklärung vielleicht wieder in den umgebenden Gutturalen, die den Silbenaccent in der Richtung nach der Zweigipfligkeit hin zu beeinflussen scheinen; vgl. § 17 c u. 18 c.

IV.

Die neue Stelle des rückenden Accentes.

§ 22 a Die Versetzung des Accentes wird dort erleichtert, „wo in Folge der natürlichen Lautbeschaffenheit der Nachbarsilben der Accent weniger stark hervortritt, also wo die unbetonte Silbe durch ihren Lautgehalt dem Accent an Kraft entzieht: in meerflūt ist eine Versetzung des Accentes (meērflút) unter Umständen möglich, in gĕbĕn nicht.“ Minor a. a. O. S. 65. — Wir werden das im Hebräischen ungefähr ebenso finden.

b Es wird von vornherein als das natürliche erscheinen, dass der Accent gegebenen Falls um eine Silbe nach vorne rückt. Aber wenn diese Silbe ein Schwa enthält, so ist sie zufolge ihrer völligen

Unbetontheit nicht fähig, den Accent aufzunehmen; Wörter wie שְׁתוּ š^{e}tú, אֲשֶׁר ^{a}šắr sind daher von vornherein zu einer Veränderung der Accentstelle unfähig.

Aber auch auf eine geschlossene oder geschärfte Penultima kann der Accent nicht zurückweichen (obwohl zahlreiche Formen, wie קָטַלְתִּי, תִּקְטֹלְנָה zeigen, dass eine geschlossene Penultima an sich wohl geeignet sein kann, den Accent zu tragen). Man könnte meinen, dass in Formen wie תְּגַדֵּל, יִמְצָא, הִקְטַל, קַטֵּל der rückende Accent einen Vokal antreffen würde, durch dessen dann gebotene Steigerung das ganze Wort ein verändertes Ansehen erhalten würde, oder durch dessen unterlassene Steigerung ganz ungewohnte Combinationen von Vokal und Accent entstehen würden. Aber das würde bei Formen wie מַלְכָּה, יִקָּטֵל mehr oder minder nicht zutreffen. Ich halte es vielmehr für wahrscheinlich, dass die Sache mit einer graduell verschiedenen Betontheit der verschiedenartigen Silben unmittelbar vor dem Hauptaccent zusammenhängt: Geschlossene und geschärfte Silben wurden erheblich schwächer betont als offene. Ebenso wie es nicht anging, die betonte Ultima zu Gunsten einer völlig unbetonten Schwa-Penultima zu enttonen, ebensowenig war es nun möglich, den Accent auf eine annähernd ebenso unbetonte geschlossene oder geschärfte Penultima rücken zu lassen. Wohl aber war es möglich, den Accent auf die etwas stärker betonte offene Penultima rücken zu lassen. Beispiele dieser neuen Accentstelle in überreicher Fülle. Hier sei nur noch erwähnt — was ziemlich selbstverständlich —, dass auch eine Schwa-haltige Penultima fähig wird, den rückw. Accent aufzunehmen, sobald sie sich in bestimmter lautlicher Combination zur offenen langen Penultima umgestaltet; z. B. וַיָּרֶק דֶּשֶׁא Jes. 37, 27 wíraq dắšä̆ für w^{e}y^{e}ráq dắšä̆. Fernere Beispiele: 1. Sam. 25, 3, 2. Sam. 18, 22, 2. Kön. 19, 26, Hi. 5, 20, Ps. 104, 20.

Falls also die Penultima eine mit vollem Vokale versehene offene Silbe ist, so weicht der Accent auf diese. Dass in diesem Falle Enttonung durch Makkef vorkomme, ist so durchaus selten, dass man sich unwillkührlich für jeden einzelnen Fall nach einem besonderen Grunde umsieht. Und der scheint manchmal wenigstens erkennbar zu sein; s. § 38.

d Wir sind also durch gewisse beim rückweichenden Accent in Betracht kommende Erscheinungen dazu geführt worden, für die dem Hauptaccent unmittelbar vorangehende lange offene Silbe ein grösseres Mass von Betonung oder Schwere anzunehmen, als für die dem Hauptaccent unmittelbar vorhergehende geschlossene und geschärfte Silbe. Das kann vielleicht als Wirkung des sogen. Vortons angesehen werden: Dieser hat seine sichtbaren Spuren bekanntlich nur in offenen Silben hinterlassen. Dagegen würde die vorausgesetzte Nichtbetonung der dem Hauptaccent unmittelbar vorangehenden geschlossenen oder geschärften Silbe genau mit der Nichtwirkung des Vortons auf geschlossene und geschärfte Silben parallel gehen.*)

e So ist denn nur einmal bei geschärfter Silbe rückweichender Accent gewagt: וְלֹא־נִכַּר שֹׁועַ Hi. 34, 19, wenn diese Lesart richtig ist. Wohl aber ist rückweichender Accent bei nur virtueller Schärfung gestattet; ich kenne לְצַחֶק בָּנוּ Gen. 39, 14, לְצַחֶק בִּי Gen. 39, 17, וְכִחֶשׁ בּוֹ Hi. 8, 18, יְכַחֶשׁ בָּהּ Hos. 9, 2, אַחַר כֵּן 1. Sam. 10, 5, auch Lev. 5, 22. Wenn bisher der richtige Weg zur Erklärung der fraglichen Erscheinung eingeschlagen ist, so wird folgerichtig nun weiter anzunehmen sein, dass eine virtuell geschärfte Silbe mit stärkerer Betonung gesprochen wurde, als eine wirklich geschärfte oder geschlossene, so dass es nicht als unnatürlich empfunden wurde, gegebenen Falls auch den Hauptaccent auf sie rücken zu lassen.

§ 23 a Falls die Penultima Schwa enthält, also zur Aufnahme des weichenden Accentes nicht fähig ist, so rückt derselbe auf eine dem Schwa event. vorangehende offene Silbe mit langem Vokal: Aus קָטְלָה qâṭᵉlá, קָטְלוּ, יֹאמְרוּ, קוֹטְלֵי und ähnlichen Formen entsteht mit grösster Häufigkeit und Leichtigkeit קָטְלָה qáṭᵉlā, קוֹטְלֵי, יֹאמְרוּ, קָטְלוּ u. a. m. Es wird dieser Sprung des Accentes auf die Antepenultima durchaus begreiflich und natürlich erscheinen, da ja diese Silbe von einem starken, sogar schriftlich markirten

*) Zu Gunsten der einst aufgestellten Theorie, der sogen. Vorton sei der frühere Hauptaccent, spricht das nicht.

Gegenton getroffen wird. (In Formen wie לַ֫יְלָה, אֹ֫הֱלָה war diese Betonung ja ohnehin schon in der Sprache vertreten). Bei zusammengesetztem Schwa der Penultima ist die Sache nicht anders; vgl. שָׁ֫חֲקוּ מַ֫יִם Hi. 14, 19.

Auch hier ist die Enttonung durch Makkef statt des rückweichenden Accentes so unendlich selten, dass das § 22c a. E. Bemerkte auch hier gilt.

Das Imperfektum von היה wird ebenfalls in dieser Weise behandelt. Es heisst וַיִּֽהְיוּ֙ שָׁ֔ם Jos. 4, 9, 1. Kön. 8, 8, Deut. 10, 5. Das deutet auf die Aussprache yĭhᵉyû von יִֽהְיוּ, nicht auf yihyû. Daneben finden wir freilich auch יִֽהְיוּ־לִ֑י Gen. 48, 5 und וַיִּֽהְיוּ־שָׁ֑ם Ruth 1, 2, was zunächst auf eine (ebenfalls denkbare) Aussprache yihyû deuten könnte. Desgl. יִֽהְיֶה־לָּ֑ךְ Jes. 60, 20. Indess könnte wenigstens das Beispiel Gen. 48, 5 wohl nach § 38 b erklärt werden. — Mit dem Imperf. von חיה wird es sich voraussichtlich ebenso verhalten. Vgl. Baer in Merx' Archiv I, 65; Wickes, accent. twenty-one 108.

Aber die Copula ו ist nicht geeignet einen rückweichenden b
Accent auf sich zu nehmen, ganz entsprechend dem Umstande, dass sie eines Nebentons entbehrt. Es kann daher beispielsweise nur heissen וּפְרִי־בֶ֫טֶן Jes. 13, 18, nicht etwa וְּ֫פְרִי בֶ֫טֶן; ferner Jer. 11, 15, 1. Kön. 1, 2, Ps. 68, 13, Cant. 2, 10. — Aber auch nur וְשְׂבַע־רֹ֫גֶז Hi. 14, 1.

Falls die Penultima zusammenges. Schwa enthält, das zur § 24 a
Aufnahme eines rückenden Accentes natürlich ebenso ungeeignet ist wie einf. Schwa, so kann der Accent auch auf eine dem zusammenges. Schwa event. vorhergehende offene (hie und da auch auf eine virtuell geschärfte) Silbe mit kurzem Vokal rücken. Denn bekanntlich wird vor zusammenges. Schwa auch ein kurzer Vokal in offener (virtuell geschärfter) Silbe von einem schriftlich markirten Nebenaccent getroffen. Indess trifft dieser Nebenaccent den kurzen Vokal entweder schwächer als den langen, oder der Lautgehalt der Silbe ist zu leicht: Jedenfalls vollzieht sich hier das Rücken des Accentes längst nicht mit der Regelmässigkeit, wie bei einem langen Vokal in entsprechender Stellung. Es kommen wohl Fälle vor wie

בַּל־נַעֲשֶׂה אֶרֶץ Jes. 26, 18, וְטַחֲנִי קֶמַח Jes. 47, 2, עַד־שַׁעֲרֵי מָוֶת Ps. 107, 18, וְאַחֲרֵי כֵן Gen. 45, 15; unendlich viel häufiger aber hat man zu dem anderen Mittel gegriffen, dem Zusammenprall der starken Accente auszuweichen: Man drückt den ersteren möglichst hinab, z. B. וְנֶחֱזֶה־בָּךְ Cant. 7, 1, וְהִשְׁתַּחֲוִי־לוֹ Ps. 45, 12, לְנַהֲרֵי־כוּשׁ Jes. 18, 1 u. a. m., und wie überall, so auch hier manchmal ohne Makkef, äusserlich ohne jede Veränderung scheinend, wie Gen. 21, 16.

b Ein paar Mal ist sogar gewagt worden, den Accent auf die mit dem Gegenton versehene viertletzte Silbe zurückweichen zu lassen. Es sind davon folgende Beispiele bekannt: נַעַמְדָה יָּחַד Jes. 50, 8, וַיַּחַרְקוּ שֵׁן Thren. 2, 16, תַּעַרְכוּ לוֹ Jes. 40, 18, נֶעֶרְמוּ מַיִם Ex. 15, 8. S. auch Baer zu Hi. 12, 15.

V.

Rückweichender Accent bei mittelbarer Folge der beiden Accentsilben.

§ 25 a Wir erkannten schon § 13 c, dass einige Accentuatoren rückweichenden Accent auch da haben eintreten lassen, wo offensichtlich ein rhythmisches Bedürfniss dazu gar nicht vorhanden war, wo vielmehr durch Entwickelung eines Pathach furtivums mindestens ein starker Ansatz zu einer den Zusammenstoss der beiden Wortaccente hindernden Zwischensilbe vorhanden war. Ich vermute, dass der Begriff der Silbe, wie er sich in der hebr. Grammatik gebildet hat, hierbei nicht ganz ohne Einfluss war.

b Wir sehen nun weiter, dass man ein paar Mal rückweichenden Accent auch da gewagt hat, wo das zweite Wort vor seiner Accentsilbe noch eine Silbe mit lautbarem Schwa hat. Es werden indess kaum mehr als zwölf solcher Fälle vorhanden sein. Ein rhythmisches Bedürfniss zum Ausweichen ist auch hier nicht denkbar, oder wenigstens nur unter der Voraussetzung, dass die Aussprache der

Schrift vorangeeilt ist. Einiges scheint hierfür zu sprechen. Im Ganzen glaube ich aber eher, dass wieder der conventionelle Begriff der hebräischen Silbe, nach dem z. B. לְךָ l^ekā so gut einsilbig ist wie לָךְ lāk, einigemal irregeführt hat. Abgesehen von solchen geringfügigen Irrungen haben die Accentuatoren aber gefühlt, dass zwischen Silbe und Silbe ein Unterschied ist.

Ich finde: עָמַד זְבֻלָה Hab. 3, 11, עֹשֶׂה פְּרִי Gen. 1, 11, כָּמַהּ לְךָ Ps. 63, 2, und dann eine ganze Reihe von Beispielen von כתן + לְךָ. Nämlich: וְנָתַן לְךָ Deut. 19, 8, ähnlich Deut. 18, 14, לָתֵת לְךָ Gen. 15, 6, ähnlich 2. Sam. 18, 11, 2. Kön. 18, 23, 2. Chr. 25, 9.

Von כתן + לְךָ finden sich auch einige Formen, die — da rückweichender Accent ausgeschlossen bleiben musste — durch Makkef miteinander verbunden sind: וְיִתֶּן־לְךָ Gen. 27, 28; 28, 4; Ps. 37, 4: Kurze Takte, in denen die Makkefirung also nur durch das Verlangen nach Ausweichen Erklärung findet. Vgl. auch וְיַגֶּד־לְךָ Hi. 11, 6.

Der Umstand, dass grade das Verbum כתן verhältnissmässig e so sehr häufig an dieser Erscheinung beteiligt ist, hat mir die Vermutung erweckt, dass die Aussprache der Schreibung vorangeeilt sei, dass man bereits gesprochen habe, oder wenigstens sprechen konnte nātáll kā oder nātál ká für nātán l^eká, lātắtl ká oder ähnlich für lātắt l^eká, yittắll ká oder yittắl ká für yittắn l^eká. Aus diesem allmählichen Anwachsen der Präposition ל erklärt man ja auch ܢܬܠ = כתן + ל. Ich wiederhole, dass ich nur eine Möglichkeit andeuten will.

VI.

Der Satzaccent.

In folgenden, sehr häufig vorkommenden Combinationen zweier § 26 a Redeteile werden beide Teile von je einem starken Satzaccent getroffen: 1) Verbalform + ל oder ב mit Suffix, vereinzelt auch מִן mit Suffix, 2) Verbalform + Adverb, 3) Verbalform + Subjekt,

4) Verbalform + Objekt, 5) Status constructus + Nomen rectum, auch + ל oder ב mit Suffix, 6) אֲשֶׁר + Fortsetzung. Bei der zweiten Klasse kommen nicht nur Adverbia im engeren Sinne in Betracht, sondern auch Ausdrücke von mehr nominalem Charakter, wie אַרְצָה, בַּיְתָה.

Wir erkennen die starken, beide Teile treffenden Accente daran, dass man ihrem Zusammenpralle so oder so auszuweichen sucht, falls sie zufällig aufeinander stossen. Von diesen besonderen Fällen aus müssen wir allgemeinere Folgerungen ziehen: Da wir z. B. in ákᵉlū lā́ḥām (für ākᵉlú lā́ḥām) den starken Satzaccent deutlich erkennen, so werden wir ihn auch für ākᵉlū́ bāsā́r zu folgern haben. Im Einzelnen kann allerdings oft Zweifel sein, wie weit die Analogie auszudehnen ist: Kann z. B. die erste Kategorie auf alle Präpositionen mit Suffix ausgedehnt werden, oder auch auf Präpositionen mit Dependenz schlechthin?

b Ueberraschend ist, dass auch der Status constructus von einem starken Accente getroffen wird. Ich hatte erwartet, das Gegenteil zu finden, sowohl auf Grund allgemeiner Analogien (vgl. Hirt, indogerm. Akzent § 352, Benedix a. a. O. § 19, Minor a. a. O. S. 94 f.), wie namentlich deshalb, weil das ganze Gebilde des hebr. Status constructus von der Wirkung schwächerer Betonung Zeugniss abzulegen scheint. Aber man bedenke, dass es sich hier nur darum handelt, wie späte Geschlechter längst fertige Formen im Satzzusammenhange betonten. Und das sicher nicht schlechthin, sondern im gehobenen, vielleicht gespreizten Vortrage. Schon aus dieser letzteren Erwägung werden wir manches hinnehmen müssen, was vielleicht unmöglich erscheint und in Wirklichkeit vielleicht nicht ganz natürlich ist. — Besonders bemerkenswert und auffällig ist, dass sogar einige völlig zur Präposition herabgesunkene Wörtchen einigemal mit ihrem eigenen Accent Ernst machen und durch rückw. Accent zeigen, dass ihr Accent nicht immer schwachen Charakters zu sein braucht. Es sind dies zunächst אַחֲרֵי und אַחַר. Man findet וְאַחֲרֵי כֵּן Gen. 45, 15, אַחַר כֵּן 1. Sam. 10, 5 und so noch einigemal. Sodann einmal das durch fragendes הַ erweiterte עַל: הַעַל אֵלֶּה

Jes. 57, 6; und gleichfalls einmal מֵאֵת: שֶׁמֶר מֵאֵת 1. Kön. 16, 24. — Auffallend ist weiter, dass das oft so ganz inhaltsleere Verbum היה hinsichtlich der in Rede stehenden Accenterscheinungen ganz so wie jedes andere Verbum behandelt wird. Es ist schwer, hierbei nicht an eine künstliche Uniformirung zu denken. — Man möchte es ferner vielleicht von vornherein für undenkbar halten, dass Wörtchen wie לִי, בּוֹ, die vielmehr zur Enklise wie geschaffen scheinen, stark betont sein können (ausser etwa, es ruhe auf ihnen ein besonderer logischer, gegensätzlicher Nachdruck). Wenn man aber deutsche Betonungen wie „komm zú mir!“ in Vergleichung zieht, so werden hier grade etwaige aprioristische Bedenken vielleicht schwinden; vgl. Hirt § 337.

Von den zahllosen Beispielen führe ich folgende an, und zwar c
zunächst solche, in denen dem Zusammenprall der beiden starken Accente durch rückw. Accent ausgewichen ist: 1) שָׁסּוּ לָמוֹ Ps. 44, 11, גָּבְרוּ מֶנִּי Ps. 65, 4, יֵלְכוּ בָם, יִכָּשְׁלוּ בָם Hos. 14, 10; auch מִתְקוֹמְמָה לוֹ Hi. 20, 27 nach Ben Ascher; 2) נָדְדוּ יָחַד Jes. 22, 3, וְשָׁכַב אָרְצָה 2. Sam. 12, 16, וְעָבַר צִנָּה Jos. 15, 3; 3) שָׁכַח אֵל Ps. 10, 11, כָּלָה דֶשֶׁא Jes. 15, 6, יֵלֶךְ דָּבֶר Hab. 3, 5, הָיְתָה זֹּאת Mal. 1, 9; 4) תֹּאכַל לֶחֶם Gen. 3, 19, נָתְנוּ רֵיחַ Cant. 2, 13, מָלְאוּ דָם Jes. 15, 9, מֵעֲשֹׂתִי זֹאת 2. Sam. 23, 17; וְעָשָׂה עָוֶל Ez. 33, 13; besonders führe ich hier noch einige Fälle an vom verbum dicendi + Aussage: קָרָא לָיְלָה Gen. 1, 5, וַיֹּאמְרוּ מֵת 2. Sam. 12, 19, יָלַע קֹדֶשׁ Prov. 20, 25; 5) מָרַת נָפֶשׁ 1. Sam. 1, 10, בְּהֵיכְלֵי עֹנֶג Jes. 13, 22, אֲפִיקֵי מָיִם Joel 1, 20, בִּימֵי קֶדֶם Ps. 44, 2, רֹעֵי צֹאן Gen. 46, 32, בְּהֵיכַל מֶלֶךְ Ps. 45, 16, יֹשְׁבֵי בָהּ Jes. 24, 6.

Ist Ausweichen mittelst rückw. Accents nicht möglich (oder d
wenig beliebt), so tritt herrschend Enttonung des ersteren Wortes ein: 1) הַגַּד־לִי Jes. 21, 2, יַעֲמָס־לָנוּ Ps. 68, 20, נִמְצְאוּ־בָם Jer. 41, 8; 2) וַיַּעֲשׂוּ־כֵן Jos. 10, 23, רְדוּ־שָׁמָּה Gen. 42, 2, וַיְהִי־כֵן Gen. 1, 7, וַתַּעֲמֹד־שָׁם 1. Sam. 6, 14; 3) וַיִּשְׁפַּל־אִישׁ Jes. 2, 9; 5, 15, יְהִי־אוֹר Gen. 1, 3; 4) הִשְׂגּוּ־חָיִל Ps. 73, 12, הַרְחֶב־פִּיךָ Ps. 81, 11, שְׁתוּ־יַיִן Jer. 35, 5; 5) כְּמַרְאֵה־גָבֶר Dan. 8, 15, מְגִלַּת־סֵפֶר Jer. 36, 2, מָגִנֵּי־אֶרֶץ Ps. 47, 10, לְאִמְרֵי־פִי Ps. 54, 4, מֶרְחַקֵּי־אָרֶץ

Jes. 8, 9, חֲמַת־לָמוֹ Ps. 58, 5; 6) אֲשֶׁר־לִי 1. Kön. 1, 33, אֲשֶׁר־שָׁם 1. Kön. 8, 21, אֲשֶׁר־מַיִם Jes. 1, 30. — Erheblich seltener ohne Makkef; z. B. 1) אֶבְטַח בָּךְ Ps. 55, 24, יִשְׂמַח בּוֹ Prov. 23, 24; 2) וַיִּגְהַר אַרְצָה 1. Kön. 18, 42, וַיִּשְׁכַּב שָׁמָּה 2. Kön. 4, 11; 3) נֶעְתַּם אֶרֶץ Jes. 9, 18; 4) וַיְנַסּוּ אֵל Ps. 78, 41, אָכְלוּ לֶחֶם 1. Kön. 13, 23; 5) אַרְזֵי אֵל Ps. 80, 11, נְשֵׁי לֶמֶךְ Gen. 4, 23. Derartige Fälle zeigen, wie schon früher bemerkt, dass der Accent nicht eine sich stets gleich bleibende, denn vielmehr eine mannigfacher Abstufungen fähige Kraft ist: Man wird hier nicht haben betonen wollen äbṭáḥ bák, arzḗ él, mit zwei hart zusammenprallenden starken Hauptaccenten, während man sonst immer äbṭaḥ bák, arzē él sagte; man wird vielmehr gemeint haben äbṭàḥ bák, arzè él mit einem schwachen und einem starken Accente.

§ 27a Es handelt sich hier zunächst ausschliesslich um kurze, d. h. nur aus zwei Worten bestehende Takte, bei denen die Accente der einzelnen Worte, durch kein Zusammendrängen von Worten stark reducirt, zu leidlich voller Geltung kommen. Man glaube aber nicht, dass ein solcher Takt dergestalt ein für sich abgeschlossenes Ganze bilde, dass das Vorhandensein anderer Satzteile seine Betonung nicht beeinflussen könnte. Vielmehr erkennen wir deutlich die Einwirkung benachbarter Satzteile auf den Satzaccent der erörterten Combinationen. Freilich ein vorangehender Satzteil vermag den regelmässigen Satzaccent nicht zu stören (wenigstens so lange kein starker l o g i s c h e r Accent auf ihn fällt); ich finde wenigstens dann nirgends eine Ablenkung. Schon wenn man die oben aufgeführten Beispiele nachschlägt, wird man mehrfach finden, dass unmittelbar vorangehende Satztheile dem Sinne nach eng zu ihnen gehören; vgl. weiter מֵאֵת יְהוָה הָיְתָה זֹּאת Ps. 118, 23, לְפָנָיו אָכְלָה אֵשׁ Joel 2, 3, וְהַקּוֹסְמִים חָזוּ שֶׁקֶר Zach. 10, 2 u. a. m.

b Anders aber ist es, wenn ein dem Sinne nach eng zugehöriger Satzteil unmittelbar folgt. Das erwartete Ausweichen unterbleibt dann so häufig, dass gar kein Zweifel darüber obwalten kann, dass zwischen beiden Erscheinungen ein causaler Zusammenhang besteht. Ich glaube, man wird diesen causalen Zusammenhang — allgemein gefasst — so zu verstehen haben, dass der folgende Satzteil, wenn er speciell zu einem der beiden Wörter des Taktes gehört, diesem Worte trotz des dazwischenliegenden kleinen Exspirationsabsatzes soviel an Betonung entziehen kann, dass der Zusammenstoss der beiden, graduell nunmehr erheblich verschiedenen Accente leichter zu ertragen ist.

Es fehlt ja nicht an Parallelen hierzu. Wir sagen im Deutschen beispielsweise „Fríedrich schreíbt", „Wílhelm árbeitet" mit zwei gleich starken Accenten; aber beim Hinzutreten eines (direkten oder indirekten) Objekts oder einer Präposition mit Dependenz sagt man „Fríedrich schreìbt einen Bríef", „Wílhelm àrbeitet für Géld", d. h. es wird dem prädikativen Verb durch den Zutritt eines Objektes u. a. etwas Betonung entzogen. Vgl. die Ausführungen von Benedix a. a. O. § 39 ff.*) Die fixirte Betonung des Hebräischen deutet offenbar auf die gleiche Erscheinung: Das einem kurzen Takte folgende Objekt oder die ihm folgende Präpos. mit Dependenz vermindert — wahrscheinlich — die Betonung des Verbs. So finden wir denn: 1) וְקָרַע לוֹ חַלּוֹנָי Jer. 22, 14, וּמָצְאָה לָהּ מָנוֹחַ Jes. 34, 14; 2) וַיֵּרֶד יָמָּה אֶל־גְּבוּל הַיַּפְלֵטִי Jos. 16, 3, וּבָחַר עוֹד בְּיִשְׂרָאֵל Jes. 14, 1, וּבָחַר עוֹד בִּירוּשָׁלָם Zach. 2, 16, וְנָבְלָה שָׁם שְׂפָתָם Gen. 11, 7; 3) אָכְלָה אֵשׁ בְּרִיחָיִךְ Nah. 3, 13 (vgl. dagegen לְפָנָיו אָכְלָה אֵשׁ Joel 2, 3), יָדַע שׁוֹר קֹנֵהוּ Jes. 1, 3, שָׁלַף אִישׁ נַעֲלוֹ Ru. 4, 7, וְהָיָה צֶדֶק אֵזוֹר מָתְנָיו Jes. 11, 5, וְהָיָה זֶה שָׁלוֹם Mi. 5, 4, וְנָגְעָה חֶרֶב עַד־הַנָּפֶשׁ Jer. 4, 10, וְתֹאכַל אֵשׁ בַּאֲרָזֶיךָ Zach. 11, 1; 4) מָצָא חֵן בַּמִּדְבָּר עָם Jer. 31, 2, וְנָשָׂא נֵס לַגּוֹיִם Jes. 11, 12, תֹּאכַל לֶחֶם עַל־שֻׁלְחָנִי 2. Sam. 9, 7, עָשֹׂה אֵלֶּה לָךְ Ez. 23, 30, בּוֹנֶה עִיר בְּדָמִים Hab. 2, 11, וְיוֹרֶה צֶדֶק לָכֶם Hos. 10, 12, וּפָעֲרָה פִיהָ לִבְלִי־חֹק Jes. 5, 14; 5) עֹשֵׂה שַׁחַר עֵיפָה Am. 4, 13, עֹשֵׂה אֶרֶץ בְּכֹחוֹ Jer. 10, 12; Jes. 59, 20. Diese Beispiele erklären sich als umāṣ^{e}'ā lā́h mānṓ^{a}ḥ, āk^{e}lā̀ ḗš b^{e}rīḥā́yik, 'ōsḗ šáḥar 'ēpā́, ubāḥā̀r 'ṓd b^{e}yisrā'ḗl u. s. f. Aus dem Hebräischen selbst könnte

*) Wie häufig leuchtet aus Benedix' Beobachtungen Benloew's principe du dernier déterminant für den Satzaccent hervor, auf welches Princip Hirt auch für den Wortaccent jetzt wieder hingewiesen hat (Hirt a. a. O. § 12, 213)!

ich freilich nichts anführen, das darauf deutete, dass es das Verbum ist, welches an Betonung verliert; an sich wäre es wohl auch möglich, die Betonung umāṣ^{e}'á làh mānó^{a}ḥ u. s. f. zu construiren. Aber ich denke, die erstere Annahme wird, auch abgesehen von der Analogie des Deutschen, die grössere Wahrscheinlichkeit für sich haben. Eine von beiden Annahmen ist sicher zutreffend.

c Ausnahmslose Uniformirung wird man von vornherein nicht erwarten dürfen. Auch im Deutschen kann man ja wohl dem Objekt oder der Präposition mit Dependenz den Charakter einer besonderen, nachträglichen Erklärung geben, darstellbar etwa als „Fríedrich schreíbt, einen Bríef", „Wílhelm árbeitet — für Géld". Und zwischen solchem ausdrücklichen Absetzen einerseits und einheitlichem Hervorbringen andrerseits wird man allerlei Abstufungen annehmen können. Man bedenke nun, dass im Hebräischen tatsächlich an der entsprechenden Stelle ein kleiner Exspirationsabsatz markirt ist! Und wo etwa ein grösserer angegeben ist, etwa durch ֔ oder ֗, wird Störung des Satzaccents von vornherein ziemlich fern liegen. Von solchen Stellen möchte ich nennen: הֲיוּכַל אֵל לַעֲרֹךְ שֻׁלְחָן Ps. 78, 19, נוֹלַד לוֹ מִבַּת־שׁוּעַ 1. Chr. 2, 3; vgl. noch Baer-Delitzsch S. 120 zu 1. Sam. 10, 19. Weiter, mit kleinem dist. Accent: 1) נָתַן לִי לְשׁוֹן לִמּוּדִים Jes. 50, 4; 2) וְיָשַׁב שָׁם עַד־עוֹלָם 1. Sam. 1, 22, וַיֵּשְׁבוּ שָׁם שְׁלֹשֶׁת יָמִים Jos. 2, 22, וַיֵּשְׁבוּ שָׁם עַד־הָעֶרֶב Jud. 21, 2; 3) צָרַר רוּחַ אוֹתָהּ בִּכְנָפֶיהָ Hos. 4, 19, תֵּרֶד אֵשׁ מִן־הַשָּׁמַיִם 2. Kön. 1, 12, הוּצַק חֵן בְּשְׂפְתוֹתֶיךָ Ps. 45, 3; 4) מָצָא חֵן בְּעֵינֵי יְהוָה Gen. 6, 8, הָפַךְ יָם לְיַבָּשָׁה Ps. 66, 6, וְעֹשֶׂה זֶּבַח כָּל־הַיָּמִים Jer. 33, 18; 5) כִּמְרִימֵי עֹל עַל־לְחֵיהֶם Hos. 11, 4.

d Etwas anders wird die Sache wahrscheinlich liegen, wenn ein Wort folgt, das einem der beiden Worte des kurzen Taktes durch *und* angeschlossen ist, also zunächst in Fällen wie הָיְתָה תֹהוּ וָבֹהוּ Gen. 1, 2, עֹשֶׂה הֵנָּה וָהֵנָּה 1. Kön. 20, 40, חָרָשֵׁי אֶבֶן וָעֵץ 1. Chr. 22, 15. Ich vermute, dass hier nicht das Verbum bez. Nomen agentis an Betonung einbüsst, sondern der erstere der beiden copulativ verbundenen Ausdrücke. Freilich irgend ein besonderes Anzeichen dafür kann ich auch hier nicht im Hebräischen selbst entdecken, ich folgere nur wieder aus der allgemeinen Wahrscheinlichkeit und der Analogie des Deutschen. Und zwar scheint mir die allgemeine Wahrscheinlichkeit insofern dafür zu sprechen, als durch das angeknüpfte Nomen dem Verbum keine neue grammatische Stufe eines Ergänzungsbegriffs zugefügt wird; die Analogie des Deutschen insofern, als auch bei uns „der Accent die Neigung hat aufzusteigen und bei mehreren zusammengehörigen Satzgliedern auf dem letzeren zu kulminieren“ (Minor a. a. O. S. 93), was besonders deutlich zu sehen ist bei begrifflich eng zusammengehörigen copulativen Verbindungen, wie „schwàrz und wéiss“, „jùng und ált“ u. s. w., s. Minor a. a. O. S. 93 No. 1, Hirt a. a. O. § 351. Grade Verbindungen wie תֹּהוּ וָבֹהוּ, הֵנָּה וְהֵנָּה, אֶבֶן וָעֵץ zeigen aber schon von weitem durch ihr וָ die enge compositionsähnliche Zusammengehörigkeit. Ich nehme daher mit einiger Zuversicht an, dass zu betonen ist hāy^{e}tā́ tṑhū wābṑhū u. s. f. Doch möchte ich auch hierauf kein starres, unverletzliches Schema aufbauen; finden wir doch Est. 3, 12 sogar in etwas verlängertem Takte וְאֶל־שָׂרֵי עַם וָעָם und ebenso Ps. 65, 9 מוֹצָאֵי בֹקֶר וָעֶרֶב תַּרְנִין. — Wo aber begrifflich nicht eng zusammengehörige copulative Verbindungen vorliegen, wird der Accent des ersteren Gliedes nicht abgeschwächt, so dass dadurch eine Störung des Satzaccentes im kurzen Takte herbeigeführt werden könnte; also יָלַד שֶׁבֶר וְאֶת־תִּרְחֲנָה 1. Chr. 2, 48, בַּחוּרֵי אָוֶן וּפִי־בֶסֶת Ez. 30, 17. So ist auch — sogar im längeren Takte — aufgefasst וַתְּחוֹלֵל אֶרֶץ וְתֵבֵל Ps. 90, 2.

Weniger sicher bin ich, ob auch אָתָא בֹקֶר וְגַם־לָיְלָה Jes. 21, 12 aufzufassen ist als ātā́ bṓqer w^{e}gam lā́y^{e}lā. Lieber möchte ich annehmen, dass gegenüber dem scharf betonten Kontrast alles andere zurücktritt, also etwa ātā bṓqer w^{e}gam lā́y^{e}lā. — Auch מַגִּיעֵי בַיִת בְּבַיִת Jes. 5, 8 soll wahrscheinlich betont werden maggī'ē bàyit b^{e}báyit (entsprechend compositionsähnlichen Verbindungen wie „Hàus an Háus“, „Tàg für Tág“, s. Minor und Hirt a. a. O.), nicht maggī'ē báyit b^{e}báyit (wie עֹשֵׂה אֶרֶץ בְּכֹחוֹ Jer. 10, 12).

Man wird danach vielleicht Recht zu der Annahme haben, e
dass z. B. in וּפֹצֶה פֶּה וּמְצַפְצֵף Jes. 10, 14 der ertragene Zusammen-

stoss der Accente bedeutet, dass pōṣā schwächer betont ist, und zwar deshalb, weil dadurch der nahe Zusammenhang mit מְצַפְצֵף ausgedrückt werden soll. Denn es liegt keine Addition zufällig sich zusammenfindender Begriffe vor, sondern naturgemäss zusammengehöriger: Der erstere ist die notwendige Vorbereitung des anderen. Ebenso liegt die Sache in וְאָכְלָה חֶרֶב וְשָׂבְעָה וְרָוְתָה Jer. 46, 10, nicht minder in וַיִּשָּׁבַע עוֹד דָּוִד וַיֹּאמֶר 1. Sam. 20, 3, so dass wir hier gar nicht auf eine mögliche Beeinflussung der Qualität des Silbenaccents durch Gutturale, oder auf die Kraft der Accentverbindung ‹ › (s. § 29) hinzuweisen brauchten. Man betrachte unter dem angegebenen Gesichtspunkte auch Gen. 19, 14, Jud. 16, 5, 2. Sam. 4, 10.

f Ich bringe noch einige vermischte, seltener vorkommende Fälle, in denen ein unmittelbar folgendes, dem Sinne nach eng zugehöriges Satzglied den Satzaccent des kurzen Taktes gestört zu haben scheint: עֹשֶׂה רָע מְאַת Qoh. 8, 12, doch vgl. Baer z. St.; וַיֵּדְעוּ כֵּן עֲנִיֵּי הַצֹּאן Zach. 11, 11; וּכְמוֹצָא מַיִם אֲשֶׁר לֹא־יְכַזְּבוּ מֵימָיו Jes. 58, 11 (cf. § 20 a).

g Falls in dem kurzen Takte rückweichender Accent von vornherein nicht möglich war, wenn vielmehr stärkere oder mindere Enttonung des ersteren Wortes hat eintreten müssen, so kann natürlich ein folgender Satzteil keinen störenden Einfluss auf den Satzaccent mehr ausüben, wenigstens keinen, der äusserlich irgendwie wahrnehmbar wäre. Das Bild, welches solche Takte äusserlich darbieten, unterscheidet sich in nichts von dem Bilde entsprechender kurzer Takte ohne folgenden Satzteil: Also herrschend Makkef, selten Beibehaltung des besonderen (aber als stark vermindert zu denkenden) Accents. Es mögen hier nur wenige Beispiele folgen: אֶבְנֶה־לִּי בֵּית מִדּוֹת Jer. 22, 14, וַיַּשְׁלֶךְ־שָׁם מֶלַח 2. Kön. 2, 21, קִרְאוּ־זֹאת בַגּוֹיִם Joel 4, 9, יְחַיֶּה־אִישׁ עֶגְלַת בָּקָר Jes. 7, 21; — וְנִשְׁבַּת בָּהּ גְּאוֹן עֻזָּהּ Ez. 30, 18, וְהִכָּה אֶרֶץ בְּשֵׁבֶט פִּיו Jes. 11, 4, וְיֶעְתַּק צוּר מִמְּקֹמוֹ Hi. 18, 4.

§ 28 a Bis hierher war nur von kurzen Takten die Rede. Sobald nun der Takt nur um das geringste wächst, beginnt das Schwanken.

Es kommt nicht selten vor, dass auch noch im längeren Takte dem Zusammenstoss zweier Accente durch Rückweichen ausgewichen wird; aber das Gewöhnlichere ist es nicht. In der Regel werden vielmehr im längeren Takte die beiden zusammenstossenden Accente entweder äusserlich ungeändert beibehalten, oder es tritt Makkef ein. Es kann kein Zweifel sein, wie dieser Befund in seinem Grunde zu beurteilen ist: Indem man sich bemüht, eine grössere Anzahl von Worten in einem Atem auszusprechen, werden die Accente der einzelnen Worte mehr oder weniger reducirt, so dass ihr Zusammenstoss kaum mehr lästig empfunden wird. Wo also im längeren Takte der Zusammenstoss zweier Accente scheinbar ungeändert ertragen ist, ist tatsächlich Reducirung mindestens des ersteren anzunehmen; wo Makkef eingetreten ist, Vernichtung des ersteren. Dass Makkef im längeren Takte nicht zum Ausweichen eines Accentzusammenpralls, sondern lediglich zur Bezeichnung der durch die Häufung der Worte veranlassten Tonentziehung dient, ist sofort klar in all den zahllosen Beispielen, bei denen man im kurzen Takte durch rückweich. Accent ausweichen müsste: In יָֽשַׁב־שָׁ֥ם יוֹאָ֖ב 1. Kön. 11, 16, אֲשֶׁ֣ר יֵֽלְכוּ־בָ֑הּ 1. Kön. 8, 36 kann von keinem Ausweichen die Rede sein. — Steht Makkef dagegen nach einem Gebilde, das auch im kurzen Takte durch Makkef ausweichen könnte oder müsste, so bleibt die Beurteilung unentschieden: In אֲשֶׁ֣ר נֶחְבְּאוּ־שָׁ֑ם Jos. 10, 27 kann Makkef aufgefasst werden als jedem der beiden Zwecke dienend.

Ich finde — einigermassen gegen Erwarten — keinen merklichen Unterschied dazwischen, ob die zusammenstossenden Accente sich am Ende einerseits oder am Anfang und in der Mitte andrerseits des längeren Taktes finden. Das Bild des Schwankens, welches der lange Takt bietet, wird auch nicht stetiger, wenn dem langen Takte — wie oben § 27 b dem kurzen — ein dem Sinne nach eng zugehöriger Satzteil folgt, auch nicht etwa nach der Seite hin, dass der rückweichende Accent noch seltener würde, oder ganz schwände.

Bei der geschilderten Sachlage kommt es oft genug vor, dass der Zusammenstoss zweier Accente auch äusserlich dadurch aufgehoben ist, dass das zweite Wort seinen Accent ganz verloren hat; z. B. וַיְחַל אִישׁ־הָאֱלֹהִים 1. Kön. 13, 6.

b Ich lasse Beispiele folgen in derselben Reihenfolge wie oben: 1) Schon bei blossem Zutritt der Negation לֹא־נָשַׁק לוֹ 1. Kön. 19, 18, לֹא־תוּכַל לוֹ Est. 6, 13, לֹא־אוּכַל לָהּ Ps. 139, 6, לֹא־יָבֹא בוֹ Ez. 44, 2, neben לֹא אָבָה לִי Ps. 81, 12, לֹא־הָיְתָה לּוֹ Joel 2, 3. Weiter, zunächst Beispiele, dass der rückweichende Accent die Zusammendrängung der Worte überdauert hat: אַל־יִכָּלְמוּ בִי מְבַקְשֶׁיךָ Ps. 69, 7, וַיֹּאמְרוּ לוֹ עֲבָדָיו 1. Kön. 1, 2, ähnlich Jos. 2, 14, יִשָּׁבַע לִי כַיּוֹם 1. Kön. 1, 51. Demgegenüber ungezählte Beispiele wie בָּחַר לוֹ יָהּ Ps. 135, 4, weiter Jos. 5, 1, Jes. 65, 19, Jer. 6, 7, und noch mehr wie וּמִי יֵלֶךְ־לָנוּ Jes. 6, 8, כִּי־אָרְכוּ־לוֹ שָׁם Gen. 26, 8, אֲשֶׁר נָתַן־לִי יְהוָה Jes. 8, 18. 2) Mit Ueberdauern des rückw. Accentes לֹא־פָתַח בָּיְתָה Jes. 14, 17, לֹא־עָנוּ עוֹד Hi. 32, 15 und ähnlich im folg. Verse, Ez. 36, 14; 37, 22; וּבֵיתוֹ אֲשֶׁר־יֵשֶׁב שָׁם 1. Kön. 7, 8, אֲשֶׁר־הָיָה שָׁם אָהֳלֹה Gen. 13, 3. Dagegen וְלֹא־יִירְאוּ עוֹד וְלֹא־יֵחַתּוּ Jer. 23, 4, אֲשֶׁר נָבוֹא שָׁמָּה Gen. 20, 13, ferner Jer. 39, 4; 41, 1; — וִיחִי־עוֹד לָנֶצַח Ps. 49, 10, וַיֵּשֶׁב־שָׁם יִרְמְיָהוּ Jer. 37, 16, וְרָבְצוּ־שָׁם צִיִּים Jes. 13, 21; Ps. 2, 2. 3) Mit Ueberdauern des rückw. Accentes הֲשָׁמַע עָם קוֹל אֱלֹהִים Deut. 4, 33, וְלֹא־הָיָה מַיִם לַמַּחֲנֶה Hi. 15, 19. Dagegen וְלֹא־עָבַר זָר בְּתוֹכָם 2. Kön. 3, 9, לֹא־יִהְיֶה אוֹר Zach. 14, 6, כִּי־יָבוֹא טוֹב Jer. 17, 6; — אֲשֶׁר הָיְתָה־זֹּאת עִמָּךְ 1. Kön. 11, 11, אֵיכָה יָדַע־אֵל Ps. 73, 11, בַּחוּרָיו אָכְלָה־אֵשׁ Ps. 78, 63. 4) Mit Ueberdauern des rückw. Accentes מִי־עָשָׂה זֹּאת Jud. 15, 6, אַל־תֹּאכַל לֶחֶם 1. Kön. 13, 22, ähnlich V. 9 und 17, וְלֹא־אָכַל לָחֶם 1. Kön. 21, 4, בַּל־חָזוּ שָׁמֶשׁ Ps. 58, 9, שָׁם פָּחֲדוּ פַחַד לֹא־הָיָה פָחַד Ps. 53, 6, בְּצֵאתִי שַׁעַר עֲלֵי־קָרֶת Hi. 29, 7; לֹא־אָכַל לֶחֶם וְלֹא־שָׁתָה מַיִם 1. Sam. 30, 12 mit rückweichendem und unverändertem Accent nebeneinander. Demgegenüber לֹא־יָדְעָה אִישׁ Jud. 11, 39, בַּל־לָמַד צֶדֶק Jes. 26, 10, יֹאמְרוּ רַע לִי Ps. 41, 6, מִי־בָרָא אֵלֶּה Jes. 40, 26, לֹא־אוּכַל קוּם Thren. 1, 14, וְאָכַל לֶחֶם תָּמִיד 2. Kön. 25, 29, ferner Ps. 23, 4, Jer. 52, 33; — הֲגַם־לֶחֶם יוּכַל תֵּת Ps. 78, 20, כַּבָּקָר יֹאכַל־תֶּבֶן Jes. 11, 7, וְנָדְרוּ־נֵדֶר לַיהוָה Jes. 19, 21, וְנָשָׂא־נֵס לַגּוֹיִם Jes. 5, 26.

5) Wenn nur כָּל־ vorangeht, so dauert in der Regel der rückw. Accent, z. B. כָּל־עֹבְרֵי דָרֶךְ Ps. 89, 42, כָּל־רֹאֵה בָם Ps. 64, 9, weiter Ps. 2, 12; 80, 13; 82, 5, Ez. 44, 30; aber כָּל־דֹּרְכֵי קֶשֶׁת Jer. 50, 29; Ps. 22, 30; ferner מִן־הֵיכְלֵי שֵׁן Ps. 45, 9, אֶת־יוֹרְדֵי בוֹר Ez. 26, 20, וְהוֹרַדְתִּיךְ אֶת־יוֹרְדֵי בוֹר ibid., Ez. 32, 15. 18, לַמְנַצֵּחַ עַל־יוֹנַת אֵלֶם רְחֹקִים Ps. 56, 1. Dagegen וְרֵאשִׁית כָּל־בִּכּוּרֵי כֹל Ez. 44, 30; — וְהָאִשָּׁה טוֹבַת־שֶׂכֶל 1. Sam. 25, 3; תַּעֲרֹג עַל־אֲפִיקֵי־מָיִם Ps. 42, 2; Ps. 53, 2. 4; נֹשְׁקֵי־קֶשֶׁת וּמָגֵן 2. Chr. 17, 17 u. a. m.

Durch die bisherigen Erörterungen und in denselben haben § 29
bereits einige Stellen ihre Erledigung gefunden, bei denen man das Unterbleiben der Accentzurückziehung der Wirkung der Accentcombination Azla + Geresch (Qadma + Azla) beigemessen hat; s. Wijnkoop § 39 u. 40, Baer zu Ezech. 19, 14. Mir ist nur ein Fall bekannt geworden, in dem das Unterbleiben der Accentzurückziehung bei der genannten Accentcombination sich nicht ohne Zwang aus den dargelegten oder noch darzulegenden allgemeinen Gründen erklären liesse, nämlich מָלֵא רָע Qoh. 9, 3 (vgl. § 19a). Gleichwohl bleibt auch sonst noch einige mal das Unterbleiben der Accentzurückziehung bei Azla + Geresch immerhin einigermassen auffallend, so dass es in der Tat schwer fällt, den Gedanken an irgend welche besondere Kraft jener Accentcombination abzulehnen. Sollte es sich als Tatsache herausstellen, dass die Verbindung der beiden Zeichen Einfluss haben kann auf die Beibehaltung zusammenprallender Wortaccente, so würde ich hierin einen Hinweis darauf sehen, dass mit der in Rede stehenden Zeichencombination schon frühzeitig irgend eine musikalische, cantillirende Figur verbunden werden konnte, die den Zusammenprall der Wortaccente naturgemäss aufhob.

Unter allen Umständen aber würde die Verbindung einer musikalischen Figur mit jenen Accentzeichen nur als fakultativ anzunehmen sein, denn oft genug findet sich rückweichender Accent trotz Azla + Geresch; z. B. כָּל־עֹשֵׂה רָע Mal. 2, 17; Jud. 16, 5, Ez. 26, 20 u. a. m.

§ 30 a Nicht von allen Combinationen zweier Redeteile liegen hinreichend viel entscheidende Beispiele vor, um uns ein Urteil über den sie treffenden Satzaccent zu ermöglichen. Nicht einmal bei einer so häufig vorkommenden Combination wie Substantiv + Adjektiv (Demonstrativum) wird die Sachlage klar. Wir lesen צְבָ֫א רָ֣ב Ps. 68, 12, מֵאֹיְבִ֣י עָ֑ז Ps. 18, 18, aber בְּנָוֶה טּ֫וֹב Ez. 34, 14. Ebenso וְעֵדֹתִ֥י ז֗וֹ Ps. 132, 12, בְּכֹחֲךָ֥ זֶ֫ה Jud. 6, 14, aber עִם־אֲדֹנִ֣י זֶ֑ה Dan. 10, 17. Ich verzichte, aus diesem geringen Material Schlüsse zu ziehen. In dem letzten Beispiel, Dan. 10, 17, liegt es ja nah, einen logischen Accent auf אדני anzunehmen. Von sonstigen Beispielen, in denen rückweichender Accent nicht möglich, kenne ich בְּמִרְעֶה־ט֫וֹב Ez. 34, 14, וּמִפַּ֣ז רָ֑ב Ps. 19, 11, עַם־רָ֑ב 1. Kön. 3, 8, עַ֣ם רָ֔ב Jos. 17, 14, הַר־זֶ֫ה Ps. 78, 54, מֵחֳלִ֣י זֶ֑ה 2. Kön. 1, 2, aus denen sich noch weniger Schlüsse ziehen lassen. — Natürlich sind hier alle die Beispiele weggelassen, bei denen der Silbenaccent in Betracht kommt; vgl. namentlich § 11, auch כְּחֹם צַח Jes. 18, 4.

b Ich führe hier noch folgende, ganz vereinzelt vorkommende Combinationen auf: Substantiv + Substantiv, אֱמוּנָה אֹמֶן Jes. 25, 1; nomin. Objekt + nomin. Objekt שׁוֹלְמִי רָ֑ע Ps. 7, 5; Präposition mit Dependenz + Verb, לְעֶזְרָתִ֥י ח֫וּשָׁה Ps. 22, 20; 40, 14; 70, 2; 71, 12; Subjekt + Verbum, וְהַשְּׁמֻעָ֣ה בָּ֔אָה אֶל־דָּוִ֖ד 2. Sam. 13, 30.

§ 31 Eine eigentümliche, trotz der ebenfalls nicht sehr grossen Anzahl von Beispielen wohl ganz sichere Erscheinung tritt uns entgegen bei Zahlwort + Gezähltem. Wir finden nämlich, dass bei מֵאָה mᵉ'ā *hundert* rückweichender Accent eintritt, nicht aber bei den kleinen Zahlwörtern wie שְׁמֹנָה šᵉmōnā *acht*, עֲשָׂרָה u. s. w., obwohl dieselben ihrer Form nach genau so wie מֵאָה zu rückw. Accente fähig wären. D. h. also מֵאָה wird, ebenso wie das nach ihm stehende Gezählte, von starkem Accente getroffen; שְׁמֹנָה u. s. w. dagegen tritt dem Gezählten gegenüber in der Betonung zurück, so dass ein Ausweichen der zusammenstossenden Accente nicht nötig ist. Als ich diese Tatsache erkannte, fielen mir die Beobachtungen Benedix' ein, a. a. O. S. 73 f. „Die Kardinalzahlen . . stehen an Ton gegen das Substantiv etwas . . zurück." „Durch Emphase und den Beziehungston werden natürlich die Zahlwörter häufig hervorgehoben. Namentlich geschieht dies, wenn man den Hörer zum Staunen über die Grösse . . einer Zahl veranlassen will". So denke ich denn, dass die mit dem hohen Zahlwort מֵאָה *hundert* oft verbundene Emphase im Hebr. schliesslich zur regelmässigen Sprechgewohnheit wurde, während die niederen Zahlwörter regelmässig ihre schwache Betonung behaupteten.

Die mir bekannten Beispiele sind folgende: וּמֵאָה צֹאן 1. Kön. 5, 3, מֵאָה אִישׁ 2. Kön. 4, 43, ebenso מֵאָה אִישׁ 1. Kön. 18, 13, וּמֵאָה קַיִץ 2. Sam. 16, 1, מֵאָה רֶכֶב 1. Chr. 18, 4; so auch מֵאָה אֶלֶף 1. Chr. 5, 21 und ähnlich 2. Kön. 3, 4, 2. Chr. 25, 6. Erst im längeren Takte, wo die Accente mehr oder weniger reducirt werden, findet man וּמֵאָה אֶלֶף אִישׁ 1. Chr. 21, 5, מֵאָה־אֶלֶף רַגְלִי 1. Kön. 20, 29, ähnlich 2. Kön. 3, 4. Demgegenüber stehen שְׁלֹשָׁה אֵלֶּה Gen. 9, 19, שְׁמֹנָה אֵלֶּה Gen. 22, 23, וַעֲשָׂרָה לֶחֶם 1. Sam. 17, 17, ähnlich 2. Sam. 18, 11, 2. Kön. 13, 7, Ez. 45, 1. Nur שִׁבְעָה־אֵלֶּה Zach. 4, 10 ist auffallend wegen des Makkef im kurzen Takte. Das sieht aus, als habe man den Zusammenstoss der Accente vermeiden wollen. Aber die Stat.-constr.-Verbindungen וּשְׁתֵּי־צֹאן Jes. 7, 21, שְׁתֵּי־לֶחֶם 1. Sam. 10, 4 sind mit ihrem Makkef ganz regelrecht.

Ziemlich zahlreiche Beispiele liegen vom Nominalsatz vor. § 32a
Ich verstehe hier darunter nur den Satz, bei dem jedes der beiden Glieder Nomen oder Pronomen ist. Die vorhandenen Beispiele genügen, um uns die Existenz von unbetonten Pronominibus an zweiter Stelle zu zeigen, namentlich הוּא und הִיא.

Die wenigen mir bekannten in Betracht kommenden Beispiele, b
in denen weder Subjekt noch Prädikat ein Pronomen ist, zeigen rückw. Accent, so dass also auf starken Accent beider Glieder zu schliessen ist. Vgl. לְבוּשִׁי שָׂק Ps. 35, 13, גֹּאֲלִי חָי Hi. 19, 25; sogar im langen Takte פְּלִיאָה דַעַת מִמֶּנִּי Ps. 139, 6. Der Vollständigkeit wegen bringe ich auch noch die paar Beispiele, bei denen rückw. Accent nicht möglich, obwohl sich aus ihnen nichts schliessen lässt: וְעָבְיוֹ טֶפַח 1. Kön. 7, 26, עַם בָּא Jer. 6, 22; 50, 41.

c Ihnen schliessen sich Sätze an mit einem Pronomen an zweiter Stelle, wie אֵלִי אָתָּה Ps. 22, 11, ähnlich Ps. 140, 7, אָבִי אָתָּה Ps. 89, 27, Hi. 17, 14, אֲחֹתִי אָתְּ Gen. 12, 13, Prov. 7, 4, חַלּוֹתִי הִיא Ps. 77, 11, אֲחֹתִי הִוא Gen. 12, 19, ähnlich 20, 5; 26, 7. 9, כִּי־יָדְךָ זֹּאת Ps. 109, 27; vgl. noch Jes. 49, 3; 51, 16, Zach. 13, 9. Das sind sämmtlich Beispiele, in denen Subjekt und Prädikat ganz für sich allein stehen und in denen daher auch auf das (an zweiter Stelle stehende) Pronomen leicht ein starker Accent fallen kann. Weiter יְקָרָה הִיא מִפְּנִינִים Prov. 3, 15. Es reihen sich weiter an אַתָּה נוֹרָא אַתָּה Ps. 76, 8, וְאֶפְרַיִם בְּכֹרִי הוּא Jer. 31, 9, רְאוּבֵן בְּכֹרִי אַתָּה Gen. 49, 3, אַרְבָּעָה הֵם קְטַנֵּי־אָרֶץ Prov. 30, 24, wo offensichtlich das Pronomen noch stark betont ist, obwohl es schon anfängt als blosse Copula zu fungiren zwischen dem im Takte genannten Nomen und dem unmittelbar vorher oder unmittelbar nachher genannten Begriff.

d Demgegenüber stehen nun aber Fälle, in denen die Accentuatoren offenbar eine unbetonte Copula mit dem Pronomen beabsichtigten, nicht ein betontes zweites Glied des Nominalsatzes. Subjektives Belieben konnte hier sehr die Gränze hin und her schieben. Gleichwohl lassen sich Satzkategorien aussondern, in denen die unbetonte Copula herrschend zu sein scheint. — Man vergleiche קִינָה הִיא וְקוֹנְנוּהָ Ez. 32, 16 mit קִינָה הִיא וַתְּהִי לְקִינָה Ez. 19, 14. Beide Sätze haben völlig gleiche Stellung, je nach dem Schlusse eines Klagelieds. In den ersteren ist der Zusammenstoss der Accente offenbar deshalb ertragen, weil הִיא unbetonte Copula sein sollte (qīná hī), etwa „ein Klágelied ists, und ...“; in dem anderen ist man aber dem Zusammenstoss ausgewichen, weil הִיא betontes zweites Glied im Nominalsatze sein sollte (qína hí für qīná hí), etwa „ein Klágelied ist diés, und ...“. Ebenso אַכְזָרִי הוּא Jer. 6, 23 „graúsam ists“, ganz allein für sich stehend; ähnlich נָשִׂיא הוּא Ez. 44, 3, wo הוּא offenbar tonlose Copula sein soll, das unmittelbar vorhergehende אֶת־הַנָּשִׂיא wieder aufnehmend; weiter טָמֵא הוּא Hag. 2, 14 „únrein ists“; נַחֲלָתוֹ הִיא Ez. 46, 16 „sein Eígentum ists“; בָּרָה הִיא לְיוֹלַדְתָּהּ Cant. 6, 9, וּגְדוֹלָה הִיא אֵלָי Qoh. 9, 13,

הִיא מֵאֵין אָדָם Jer. 32, 43, הָלְכָה הִיא עַל־כָּל־הַר גָּבֹהַּ Jer. 3, 6, auch Qoh. 3, 21.

Bei dieser Sachlage brauchen wir gar nicht nach einem besonderen Grunde zu suchen, aus dem es — anders als Prov. 30, 24 — Prov. 30, 18. 29 heisst שְׁלשָׁה הֵמָּה, wo הֵמָּה ebenfalls beidemal blosse Copula ist zwischen dem Zahlwort und dem unmittelbar folgenden Subjekt. (Doch bietet sich Prov. 30, 18. 29 auch noch ein besonderer Grund, nämlich in dem Kontrast, in dem שלשה zu dem folgenden ארבעה steht, wodurch שלשה in der Betonung besonders weit über das folgende הֵמָּה hinausgehoben wird; dieser besondere Grund würde Prov. 30, 24 wegfallen.) — Ich denke, so wird auch aufzufassen sein אֱמֶת הוּא Dan. 8, 26 als ămät hū, מְעַט הִיא Hag. 2, 6 als m^{e}ʿäṭ hī.

Durchaus begreiflich erscheint das Unterbleiben des rückw. Accentes in dem fragenden Nominalsatze הַאֶפְרָתִי אַתָּה Jud. 12, 5. Denn auf dem in Frage stehenden ersteren Nomen ruht sicher ein weit stärkerer Accent als auf dem folgenden אַתָּה. Leider stehen mir keine ähnlichen Beispiele zu Gebote; aber ich denke, das häufige הַאַתָּה זֶה, oder auch bloss אַתָּה זֶה (z. B. Gen. 27, 21. 24, 1. Kön. 18, 7. 17) wird gleichfalls als ha'attā́ zä aufzufassen sein. Aehnlich jedenfalls ist der freilich längere Takt אִם־חוֹמָה הִיא Cant. 8, 9, wo auf חומה überdies noch ein starker logischer Accent fällt durch den Kontrast zu dem bald folgenden דֶּלֶת. — Mehr Beispiele von Sätzen, die durch כִּי eingeleitet sind; und bei ihnen finde ich die ursprünglichen Accentverhältnisse ausnahmslos bewahrt. Offenbar deshalb, weil das nach כִּי stehende Nomen stark, das diesem folgende Pronomen schwach betont ist. Man kann zwar einwenden, es liege ein langer Takt mit reducirten Accenten vor; aber wenn dieser Umstand hier massgebend wäre, so wäre die Accentuation bei diesen Sätzen schwerlich so gleichartig, zumal bei der minimalen Verlängerung des Taktes durch כִּי־, man sollte dann mehr Schwanken erwarten.*) Ich kann anführen: כִּי־חֹלֶה הוּא 1. Kön. 14, 5 kīḥōlā́ hū

*) Anders Ps. 109, 27, wo aber das Demonstrativ am Schlusse steht; s. § c.

„denn kránk ist er“, ähnlich 2. Chr. 22, 6, כֶּי־נָבִיא הוּא Gen. 20, 7, כִּי־כַאֲנָחָה אָנִי Threu. 1, 21; so wird denn auch כֶּי־אֲנִי הוּא Jes. 43, 10 sein kīʾᵃní hū. Und Ps. 25, 16 כֶּי־יָחִיד וְעָנִי אָנִי liegt wirklich ein kurzer Takt vor. Der Vollständigkeit wegen seien auch noch die erheblich längeren Takte כֶּי־סַלְעִי וּמְצוּדָתִי אָתָּה Ps. 31, 4, כִּי עֵת נְקָמָה הִיא Jer. 51, 6 angeführt, die allerdings für sich nichts beweisen.

§ 33 So zahlreich auch die Beispiele sind von Verbalform + ל oder ב mit Suffix, so selten sind die für uns in Betracht kommenden Beispiele von Nomen (im Stat. abs.) + ל oder ב mit Suffix. Denn verhältnissmässig zahlreiche Fälle wie הַאִם אֵין עֶזְרָתִי בִי Hi. 6, 13, כֶּי־כָל־עוֹד נִשְׁמָתִי בִי Hi. 27, 3, אֲשֶׁר חֶלְאָתָהּ בָהּ Ez. 24, 6, כִּי זֶבַח מִשְׁפָּחָה לָנוּ 1. Sam. 20, 29, אַל־תָּבוֹא רְנָנָה בוֹ Hi. 3, 7, יַחְשְׁבוּ רָעָה לִי Ps. 41, 8, טָמְנוּ פַח לִי Ps. 142, 4, וְעַתְּדָהּ בַּשָּׂדֶה לָךְ Prov. 24, 27, wo nirgends rückw. Accent, beweisen natürlich als längere Takte wenig oder nichts. Noch weniger אֲשֶׁר זַרְעוֹ־בוֹ Gen. 1, 11. 12; ferner Ps. 61, 4; 62, 9; עוֹז לוֹ־בָךְ Ps. 84, 6 u. a. So bleiben denn nur wenige Beispiele übrig, deren Behandlungsweise obendrein verschieden, ohne dass sich für die Verschiedenheit sofort ein einleuchtender Grund erkennen liesse. Von vornherein als das wahrscheinliche und natürliche würde es erscheinen, dass je nachdrucksloser ל oder ב mit Suffix sind, d. h. je selbstverständlicher ihre Beziehung durch den Zusammenhang gemacht wird, um so weniger rückw. Accent eintritt. So finden wir in der Tat מֵאוֹצָר רָב וּמְהוּמָה בוֹ Prov. 15, 16, zu denken also als umᵉhūmá bō, ebenso יֹלֵד כְּסִיל לְתוּגָה לוֹ Prov. 17, 21; שְׁאָגָה לוֹ כַּלָּבִיא Jes. 5, 29 beginnt zwar einen Vers, aber die unmittelbar vorhergehenden Verse nennen den in לוֹ steckenden Begriff deutlich und weisen oft auf ihn hin. Aber dasselbe könnte man geltend machen für die Stellen טוֹבָה לָךְ מִשִּׁבְעָה בָּנִים Ru. 4, 15 und חוֹמָה לוֹ סָבִיב סָבִיב Ez. 42, 20, wo es dennoch heisst ṭóbā lák für ṭōbá lák und ḥómā ló für ḥōmá ló. Und auch in קָרָאתִי מִצָּרָה לִי Jon. 2, 3 scheint das לִי doch recht selbstverständlich zu sein; gleichwohl rückw. Accent. Desgl. חוּשִׁי בִי Hi. 20, 2. Dagegen כִּי עֵדְוֹתֶיךָ שִׂיחָה לִי Ps. 119, 99, also sîḥā lí für sīḥá lí. Makkefbeispiele: לְרָאֲוָה־בָךְ Ez. 28, 17, בַּצַּר־לִי Ps. 66, 14, ähnl. Ps. 18, 7, 2. Sam. 22, 7; auch 22, 2, Hi. 6, 29.

Auffallend ist, dass einige längere Partikeln den rückw. Accent nicht eintreten lassen. Ich habe dabei zunächst folgende Stellen im Auge: מְהֵרָה רֵדָה 2. Kön. 1, 11, זוּלָתִי קוֹל Deut. 4, 12, אֵיכֹה הוּא 2. Kön. 6, 13, אֵיפֹה הוּא 2. Sam. 9, 4, אֵיפֹה הֵם Jes. 49, 21. Man wird daraus zu schliessen haben, dass die genannten Partikeln eine merklich schwächere Betonung haben, als das ihnen folgende Wort, also m^ehērà rḗdā u. s. w. Allerdings ist bei den drei zuletzt genannten Beispielen auch im Gegenteil die Annahme eines enklitischen Pronomens naheliegend. Ich schliesse hier noch den längeren Takt an: אַיֵּה אֵפוֹא פִיךָ Jud. 9, 38. § 34

VII.

Der logische Accent.

§ 35a Eine Reihe von Abweichungen erklären sich deutlich als Einwirkungen des logischen Accentes. Wenn auf dem einen Gliede irgend einer Combination von zwei Redeteilen ein besonders starker logischer Accent — Benedix' Beziehungston — ruht, so wird dadurch natürlich das gegenseitige Betonungsverhältniss jener beiden Wörter gründlich verändert. Wo der ruhige, grammatische Satzaccent zwei ungefähr gleich starke Accente herbeiführt, die wenn sie zufällig zusammenstossen, lästig empfunden werden und zum Ausweichen auffordern, erzeugt der logische Accent einen übermässig starken und einen abgeschwächten Accent, die sich nicht mehr im Wege sind, wenn sie zufällig zusammenstossen. Aber auch ein jener Combination unmittelbar vorangehendes Wort kann durch den logischen Accent so stark getroffen werden, dass dadurch das accentuelle Gleichgewicht der folgenden Worte gestört wird. — Von diesen

Erscheinungen glaube ich eine ganze Reihe beweiskräftiger Beispiele anführen zu können.

b Es heisst Jes. 57, 13 „bei deinem Schreien mögen dir *deine Götzen* helfen . . .“ וְהַחוֹסֶה בִי יִנְחַל־אֶרֶץ *wer aber auf mich vertraut, wird die Erde besitzen.* Hier fällt auf בִּי offensichtlich ein starker Sinnaccent, in folge des Contrastes zu dem kurz vorher stehenden Ausdrucke für Götzen. Daher etwa w^{e}haḥōsä̀ bī̋, statt des bei ruhigem Satzaccent zu erwartenden וְהַחוֹסֶה בִּי w^{e}haḥōsä̀ bí (aus w^{e}haḥōsä̋ bí).

c Ebenso verhält es sich mit נוֹלַד רָשׁ Qoh. 4, 14. Man sollte auch hier, zumal am Versende, rückw. Accent erwarten. Aber der ruhige Satzaccent ist hier gestört worden durch den, in folge des Gegensatzes zu dem kurz vorhergehenden לִמְלֹךְ und בְּמַלְכוּתוֹ auf רָשׁ fallenden starken Sinnaccent. Also etwa nōlȧd rä̋š *er ist ärm geboren.*

d Die gleiche Erklärung scheint naheliegend für וַתִּשָּׁאֵר הִיא וּשְׁנֵי בָנֶיהָ Ruth 1, 3 *und sie blieb übrig sie, und ihre beiden Söhne.*

e Leicht zu erkennen ist der durch Gegensatz hervorgerufene logische Accent in כַּנֹּשֶׁה כַּאֲשֶׁר נֹשֶׁא בוֹ Jes. 24, 2 *wie der Leiher, so der welchem er leiht*; offenbar mit starkem Sinnaccent auf בוֹ.

f Während es Jud. 18, 25 bei ruhigem Satzaccent heisst אֲנָשִׁים מָרֵי נֶפֶשׁ *Männer, bitter von Seele*, und ähnlich Hi. 3, 20, lesen wir 2. Sam. 17, 8 כִּי גִבֹּרִים הֵמָּה וּמָרֵי נֶפֶשׁ הֵמָּה *denn sie sind Helden und bitter von Seele.* Denn hier ruht auf נֶפֶשׁ der Sinnaccent, hervorgerufen durch den Gegensatz zu dem mehr unter den Gesichtspunkt körperlicher Eigenschaft fallenden גבּרים.

g Nachdem am Ende von Jer. 44, 27 gesagt ist, dass sämmtliche Judäer in Aegypten durch Schwert (בַּחֶרֶב) und Hunger umkommen werden, beginnt v. 28 וּפְלִיטֵי חֶרֶב יְשֻׁבוּן *„aber die Entrönnenen des Schwertes werden zurückkehren“.* Ich denke, hier liegt auf פְּלִיטֵי ein scharfer logischer Accent, im Gegensatz zu den unmittelbar vorher genannten, welche תַּמּוּ · · בַחֶרֶב · · עַד־כְּלוֹתָם. Vgl. übrigens § 17 c a. E. u. § 29.

Deutlich erkennbar ruht ein starker logischer Accent auf אֹזֶן h
in Ps. 94, 9: הֲנֹטַע אֹזֶן הֲלֹא יִשְׁמָע, daher kein rückw. Accent. Der Begriff Ohr wird dem Begriff des Nichthörens gegenübergestellt: „Der Pflanzer des Öhres, soll der nicht hören?“

Schwächer, aber doch noch erkennbar ist der logische Accent in נָטַע אֹרֶן וְגֶשֶׁם יְגַדֵּל Jes. 44, 14, *er pflánzte eine Ceder, und der Regen lässt sie wáchsen.* — Ich glaube nicht, dass in diesem und in dem vorhergehenden Beispiele der Zusammenstoss א + ע von irgend welcher Bedeutung für das Unterbleiben des rückw. Accentes ist, wie bisher angenommen worden.

Ebensowenig glaube ich, dass das ע irgendwie in Betracht i
kommt Jes. 46, 1. Vielmehr wird hier in dem scheinbar inneren Widerspruch mit seinem Subjekt, in dem Unglaublichen der scharfe logische Accent begründet sein, der auf כָּרַע ruht und den rückw. Accent verhindert: כָּרַע בֵּל kärä' bēl *níedergesunken ist Bēl!*

Ez. 17, 15 steht הָעֹשֵׂה אֵלֶּה, 2. Sam. 12, 5 הָעֹשֶׂה זֹּאת ohne rückw. Accent. Das heisst aber beidemal nicht einfach „der dies getan“, sondern „der so etwas Unglaubliches oder Schlechtes getan“, also mit starkem logischen Accent auf dem Demonstrativum: hā'ōsē éllā, hā'ōsä zṓt. — Anders z. B. 2. Sam. 23, 17, Mal. 1, 9, Ps. 15, 5.

Ganz handgreiflich liegt die Wirkung eines logischen Accentes § 36a
zu Tage in den verhältnissmässig zahlreichen Stellen, in denen auf zwei (mittelbar) aufeinanderfolgende, ihrer Bedeutung nach identische, oder synonyme Redeteile zwei begrifflich verschiedene folgen. Meistens handelt es sich dabei um Status constr. + Dependenz, oder um Partic. act. + Objekt. Für sich betrachtet müsste jeder einzelne Status constr. + Dependenz oder Partic. act. + Objekt nach den Regeln des Satzaccentes gegebenen Falls rückweichenden Accent zeigen, als Folge der beide Worte treffenden starken Betonung. Aber in der Aufeinanderfolge tritt der wiederholte Redeteil beidemal in der Betonung sicher zurück, während die einander gegenübergestellten begrifflich verschiedenen Redeteile durch eben diese Gegenüberstellung an Betonung gewinnen. Daher unterbleibt die vom Standpunkte des Satzaccentes aus zu erwartende Rückziehung des Accentes. So

כִּתְבוּאַת גֹּרֶן וְכִתְבוּאַת יָקֶב Num. 18, 30 *wie der Erträg der Ténne und wie der Erträg der Kélter.* Das wiederholte תְּבוּאַת wird beidemal nur schwach betont, während auf גֹּרֶן und יָקֶב die Betonung eines leichten Contrastes fällt. Daher kitᵉbū'ăt gōrăn, wᵉkitᵉbū'ăt yăqăb. — Ebenso liegt der Fall in וְחָרָשֵׁי עֵץ וְחָרָשֵׁי אֶבֶן קִיר 2. Sam. 5, 11 *und Händwerker für Hólz und Händwerker für Stéin* (abgesehen davon, dass die zweite Hälfte für den rückw. Accent auch wegen des kleinen dist. Accentes hier nicht in Betracht kommt). Entsprechend in der Parallelstelle 1. Chr. 14, 1. — Ich nenne hier weiter וְאֶת־יֹשְׁבֵי דוֹר Jud. 1, 27. Abgesehen davon, dass hier in dem wenn auch nur minimal verlängerten Takte rückw. Accent von vornherein nicht absolut nötig wäre, steht hier dreimal וְאֶת־יֹשְׁבֵי mit folgendem Städtenamen, und zwei andere Städtenamen gehen überdies voran. Zwischen diesen fünf einander gegenübergestellten und daher stärker betonten Städtenamen muss das dreimalige יֹשְׁבֵי erheblich an Betonung verlieren. Rückw. Accent ist daher auch aus diesem Grunde nicht nötig. — Anders 2. Chr. 26, 6.

b Beispiele mit Wiederholung eines synonymen Redeteils sind: הִנֵּה יוֹצֵר הָרִים וּבֹרֵא רוּחַ Am. 4, 13 *siehe bildend Bérge und schaffend Wind.* Auf הָרִים und רוּחַ fällt die Betonung eines leichten Contrastes, während die Synonyma יוֹצֵר und בֹּרֵא in der Betonung zurücktreten. Daher bōrē rūᵃḥ. — Ebenso יוֹצֵר אוֹר וּבוֹרֵא חֹשֶׁךְ עֹשֶׂה שָׁלוֹם וּבוֹרֵא רָע Jes. 45, 7 *bildend Licht und schaffend Finsterniss, machend Frieden und schaffend Úebel.* Also bōrē ḥōšăk, während man am Schlusse doch den gewöhnlichen Satzaccent eingehalten hat: bórē rā'. — Auch רֹעֶה רוּחַ וְרוֹדֵף קָדִים Hos. 12, 2 *Gefallen habend am Stúrm und nachlaufend dem Óstwind:* rō'ă rūᵃḥ.

c Dasselbe Verhältniss, nämlich das gleiche Wort unmittelbar vor zwei einander gegensätzlichen Wörtern, liegt auch vor Jos. 14, 11 כְּכֹחִי אָז וּכְכֹחִי עָתָּה *wie meine Kraft dämals, so auch meine Kraft jëtzt.* Daher kein rückweichender Accent, vielmehr kᵉkōḥī ’āz, ukᵉkōḥī ‘āttā. Wir brauchen also hier gar nicht die den Silbenaccent event. verändernde Kraft der Gutturale in Anspruch zu nehmen, um das Nichteintreten des rückw. Accentes zu erklären (§ 17c a. E.).

Ferner וְעוֹלֵל לָמוֹ כַּאֲשֶׁר עוֹלַלְתָּ לִי Thren. 1, 22 *und tue íhnen an, wie du mír angetan hast!* Also wᵉʿōlēl lāmō (vgl. § 14c).

Ebenso וְאָמַר אֶפֶס וְאָמַר הָס Am. 6, 10 *und er sagte Zu Énde! und er sagte Stíll!*

Ich möchte auch vermuten, dass die fortwährende Wiederholung des Wortes יָהּ in Ps. 118 Grund ist, dass es schliesslich nur ganz schwach betont wird, so dass es V. 19 heissen kann אוֹדֶה יָּהּ d. i. etwa ōdä yāh.

Es lassen sich auch einige Beispiele nachweisen, in denen zwei § 37 a
Glieder eines Satzes zweien Gliedern eines benachbarten Satzes gegenübergestellt werden. Aller Wahrscheinlichkeit nach wird dann nur das eine gegensätzliche Paar mit starkem log. Accent hervorgebracht. Rückw. Accent ist jedenfalls hier nirgends beliebt worden. So kenne ich: דּוֹדִי לִי וַאֲנִי לוֹ Cant. 2, 16 *mein Geliebter (gehört) mír, und ich íhm,* etwa dōdī lī, wa'ᵃnī lō; ähnlich אֲנִי לְדוֹדִי וְדוֹדִי לִי Cant. 6, 3. Ferner כִּי נֵר מִצְוָה וְתוֹרָה אוֹר Prov. 6, 23 *denn eine Leúchte ist das Gebòt, und das Gesètz ein Lícht,* etwa kī nēr miṣwā, wᵉtōrā ōr.

Man betrachte ferner Zach. 11, 8: „und meine Seele wurde b
unmutig über sie" וְגַם־נַפְשָׁם בָּחֲלָה בִי *und auch ihre Seele hatte Widerwillen an mír,* also etwa wᵉgam nafšām, bāḥᵃlā bī.

Viermal finde ich Verbalformen, die mit dem (contextuellen) c
Suffix ךָ bekleidet sind, auf ein folgendes einsilbiges Wort stossend. Obwohl alle Bedingungen erfüllt sind, die ein Rückweichen des Accentes erwarten lassen, ist der Accent doch alle viermal an seiner Stelle geblieben. Man ist natürlich zunächst geneigt, diese Erscheinung irgendwie mit dem ךָ in Zusammenhang zu bringen; gleichwohl glaube ich nicht, dass diese Vermutung richtig sein würde, zumal da das gleiche Suffix beim Nomen das Rückweichen des Accentes nicht hindert; so z. B. Ps. 109, 27. Deutlich springt vielmehr zunächst der Gegensatz in die Augen, in welchen Gen. 3, 15 je zwei Glieder benachbarter Sätze zu einander gesetzt sind: הוּא יְשׁוּפְךָ רֹאשׁ *ér wird dir den Köpf zertreten (und dú wirst ihn in die Fĕrse stechen)*; daher etwa yᵉšūfᵉkā rōš. — Ebenso klar ist

die Ablenkung durch den logischen Accent 1. Sam. 26, 19, nur dass hier der logische Accent nicht auf eins der beiden Glieder der Combination selbst fällt, sondern auf das unmittelbar vorhergehende Wort אִם־יְהוָה הֱסִיתְךָ בִי *wenn Jähwe dich gegen mich angestiftet hat (. . ., wenn aber Mënschen es getan . . .).* Durch diese starke Heraushebung des unmittelbar vorhergehenden Wortes sinkt das erstere Glied der Combination, vielleicht beide, erheblich in der Betonung; daher etwa imyahwē, h^{a}sīt^{e}kā bí. Denselben Grund kann man ohne jeden Zwang auch annehmen in כִּי־לְגוֹי גָּדוֹל אֲשִׂימְךָ שָׁם Gen. 46, 3; denn offenbar ruht auf גדול eine starke Emphase und ein gewisser Gegensatz zu אַל־תִּירָא. — In der vierten Stelle endlich, Ps. 5, 5, ist rückw. Accent schon wegen des etwas verlängerten Taktes nicht durchaus nötig.

§ 38a Auch von den verhältnissmässig sehr seltenen und meist nicht ohne Varianten überlieferten Beispielen, in denen Makkef eingetreten ist statt des erwarteten rückw. Accentes (§ 22c, 23a), fallen einige sofort auf durch einen in ihnen oder unmittelbar vor ihnen gelagerten logischen Accent. So heisst es Ps. 44, 4 כִּי לֹא בְחַרְבָּם יָרְשׁוּ־אָרֶץ. Da חַרְבָּם im scharfen Contrast zu dem folgenden יְמִינְךָ steht, muss es mit starkem logischen Accent hervorgebracht werden. Dementsprechend hat sich die Betonung des folgenden Wortes vermindert, und zwar dergestalt, dass es als vollständig tonlos gekennzeichnet werden konnte. Etwa kī lō b^{e}ḥarbăm, yār^{e}šū árüṣ. Aehnlich גַּם־עֲוִילִים מָאֲסוּ־בִי Hi. 19, 18 *sogar Kinder verachten mich.* Auch אַתֶּם טֹפְלֵי־שָׁקֶר Hi. 13, 4 „*ihr seid Lügenschmiede*“ (Kautzsch' Uebersetzung).

Weiter sollten wir Ps. 78, 32 erwarten בְּכָל־זֹאת חָטְאוּ עוֹד. Wir finden aber בְּכָל־זֹאת חָטְאוּ־עוֹד. Aus dem Zusammenhange ergiebt sich, dass auf עוֹד ein starker logischer Accent mindestens ruhen kann: Trotz aller in den vorhergehenden Versen aufgezählten Wunder und Gnadenerweisungen Gottes, die kurz in בְּכָל־זֹאת zusammengefasst werden, „sündigten sie weiter“. Daher konnte חָטְאוּ vor dem starken logischen Accente ganz tonlos werden (חָטְאוּ עוֹד würde mehr bedeuten „sie sündigten noch“).

So wird man weiter auch in יִהְיוּ־לִי Gen. 48, 5, הָיְתָה־לָּנוּ b
Ez. 36, 2 sofort mit Notwendigkeit oder Wahrscheinlichkeit einen logischen Accent finden können. Aber 2. Chr. 20, 8; 21, 6, Qoh. 2, 9, Jer. 38, 20, 1. Sam. 26, 11, Hi. 12, 9; 14, 11; 22, 28 ist ein solcher schwerlich zu entdecken.

Anders wird es sich verhalten mit וְשֹׁאֲבֵי־מַיִם Jos. 9, 23. 27. c
Entweder liegt hier Nachahmung von v. 21 vor, wo — im langen Takte — das Makkef ganz am Platze war, oder es soll bereits eine Art Compositum angedeutet werden „Wasserschöpfer“.

Wenn sich nun auch ein paar Fälle finden, in denen der nach § 39a
den Gesetzen des Satzaccents zu erwartende rückw. Accent nicht eingetreten ist, obwohl aus dem Zusammenhange ein unmittelbarer Grund der Störung durch den logischen Accent nicht ersichtlich ist, so liegt der Gedanke nah, dass der Accentuator einen besonderen logischen Accent hineinlegen wollte. Beweisen lässt sich diese Annahme natürlich nicht. Ich habe hierbei zunächst die beiden Stellen Est. 1, 12 und Gen. 47, 3 im Sinne. וַחֲמָתוֹ בָּעֲרָה בוֹ Est. 1, 12 *und sein Zorn brannte in ihm*, sollte nach den Gesetzen des Satzaccentes rückw. Accent haben, zumal am Versende. Wenn ich nach einem Grunde der Ablenkung ausblicke, so sehe ich die Möglichkeit, dass der Accentuator den Sinn beabsichtigte, „und sein Zorn brännte in ihm“, d. h. er war stark, glühend, — während „brennen, entbrennen“ vom Zorn gesagt für gewöhnlich kaum viel mehr bedeutet, als „vorhanden sein, entstehen.“ — Gen. 47, 3 fragt Pharao die Brüder Josefs „Was ist euer Beruf?“ Darauf die Antwort רֹעֵה צֹאן עֲבָדֶיךָ. Wir sollten hier rückw. Accent erwarten (wie Gen. 4, 2; 46, 34). Es scheint mir fast, als ob Antworten überhaupt dazu neigen, der Ungewissheit der Frage gegenüber ihre eigene Gewissheit durch eine besonders starke Betonung zu markiren. Und im vorliegenden Falle möchte ich annehmen, dass der Accentuator beabsichtigt hat rōʿē ṣōn, ʿᵃbādä́kā.

Ferner וַיֵּאָחֲזוּ בָהּ Gen. 47, 27. Ist hier mit dem Verbum ein Gegensatz zu dem mittelbar vorhergehenden וַיֵּשֶׁב beabsichtigt? Israel wohnte nicht nur in Aegypten, sondern „sie setzten sich (auch) fĕst darin“. Daher dann wayyēʼāḥ"zú bāh? — Und kann man einen solchen Grund etwa auch finden in לְהָבִיא גַת לֵאמֹר 1. Sam. 27, 11? Oder genügt hier, unter Berücksichtigung des folgenden לֵאמֹר, die Annahme des gewöhnlichen Satzaccentes?

b Alle Beispiele, bei denen nach dem Zusammenhange ein starker logischer Accent vorauszusetzen, habe ich fortgelassen, wenn bei ihnen ohnehin rückw. Accent nicht möglich gewesen wäre. Vgl. Cant. 5, 2, 1. Kön. 20, 3. 4, Ps. 74, 16.

VIII.

Der ältere Satzaccent.

§ 40a Es scheint mir, als habe der Satzaccent, den wir im VI. Abschnitt erschlossen haben, sich eines Materials bemächtigt, in dem einst ein andrer Satzaccent geherrscht und gestaltet hat. Es scheint mir, als könne der jetzt im rückw. Accent und im Makkef sich offenbarende Satzaccent auch solche Formen mit einem starken Nachdruck belegen, die einst unbetont sein mussten, die der Tonlosigkeit ihre gegenwärtige Form verdanken. Das ist namentlich bei den Contextformen mit besonderer Accentstelle deutlich ersichtlich. Andrerseits können wir namentlich unter den § 32c erörterten Beispielen mehrere sehen, in denen — wofern meine Ausführungen richtig — gewisse Formen ganz nachdrucklos gebraucht erscheinen, die ursprünglich nur für den nachdrucksvollen Satzschluss bestimmt waren.

b Die mehrfach ausgesprochene Meinung, dass die eigentümlichen Erscheinungen der hebräischen Pausa Kunstprodukt seien, kann in ihrem ganzen Umfange wenigstens nicht ohne weiteres von vornherein abgewiesen werden. Wir sehen ja, dass auch anderswo die Kunst der Schriftsteller sich mit besonderer Liebe der Gestaltung des Satzschlusses zugewendet hat; vgl. Wilh. Meyer, Der accentuirte Satzschluss in der griechischen Prosa vom 4. bis 16. Jahrhundert (Götting. 1891); Derselbe in GGA. 1893 S. 1 ff.; Krumbacher in

Sitzungsber. d. Münch. Akad. Jahrg. 1896, S. 598 ff. Man vergleiche ferner Benedix a. a. O. S. 51, der vom Standpunkt der Stilistik aus verlangt zu ordnen „der Mann ist jung, lebenslustig, liebenswürdig“, also das silbenreichste, volltönendste Attribut an den Satzschluss, nicht „der Mann ist liebenswürdig, lebenslustig, jung“. Und man hat ja auch im Hebräischen beobachtet, dass am Satzschlusse besonders lange, volltönende Formen beliebt sind, so Imperfekta mit nun epenth., ferner solche mit der Endung ין, Verba prim. n mit erhaltenem n, Formen ל״ה mit erhaltenem y u. a. m. Dabei hat man ja auch bereits den Gebrauch des *ν ἐφελκυστικόν* am Satzschlusse verglichen.

Umgekehrt bieten die Erscheinungen der arabischen Pausa eine Reihe von so gewaltigen Kürzungen, dass dabei an natürlich lautliche Vorgänge nicht gedacht werden kann. Das stärkste ist wohl die Pausalform weiblicher Nomina, wie malikah für malikatun. Ich habe mir diese Vorgänge nie anders erklären können, als durch Dialektmischung (vgl. Lit. Centr. Bl. 1887, 608), oder durch Beeinflussung der Sprache durch die von aussen her importirte Schrift und Schreibweise. Wie dem aber sei, die Beschränkung solcher — vom Standpunkt der arab. Grammatik aus — verstümmelten Formen auf den Satzschluss kann nur künstliche Einrichtung sein.

Das sind offenbar alles Beispiele einer besonderen Gestaltung **§ 41 a** des Satzschlusses, die lediglich durch schulmässiges „bewusstes Drillen des Sprachgebrauchs“ zu stande gekommen sind (Curtius, Grundzüge[5] S. 54). Keines von ihnen hat seinen Grund etwa in lautlichen Vorgängen, wie es wohl im Französischen der Fall ist, wo man am Satzschlusse noch tūs, plǖs spricht, im Innern oder zu Anfang aber tŭ, plü̆ (tous plus); vgl. Thurot, prononciation franç. II. p. 10 ff.

Dass der Satzschluss durch unmittelbare Selbstwirkung die **b** lautliche Beschaffenheit der in ihm stehenden Worte beeinflusst, davon fehlt es im Hebräischen ebensowenig an Beispielen wie anderswo. Dass auch im Deutschen am Ende eines Satzes die Quantität der einzelnen Silben gesteigert zu werden pflegt, und dass zugleich ein

Accent zweiten Grades leicht in einen solchen ersten Grades gesteigert wird, ersieht man z. B. aus Sievers, Phonetik[4] § 616 auch § 608; ebenda § 646 über Entstehung von Ueberlängen durch die Pausa im Englischen. Mit diesen Erscheinungen stehen in genauer Parallele
b die hebräischen Vokaldehnungen in Pausa, wie קָטֵ֑ל aus קָטַל, קְטָלָ֫נִי aus קְטַלְנִי, נָ֫עַר aus נַעַר. Und wahrscheinlich werden auch כָּבֵד, קֹדֶשׁ in Pausa mit längerem ē, ō gesprochen worden sein, als im Context, wenn auch die Schrift hier eine besondere pausale Dehnung nicht ausdrücken konnte. Man braucht dabei gar nicht an einen besonders starken exspiratorischen Accent zu denken, der diese pausalen Vokaldehnungen zu Stande bringt.

Dahin gehören weiter gelegentliche pausale Consonantenverdoppelungen im Arabischen. Vgl. auch Delitzsch, assyr. Gramm. § 53c.

c Nicht aber gehören hierher die überall vorkommenden, durch
§ 40a Emphase hervorgerufenen Lautdehnungen. Dass ein gewöhnlich mit Emphase hervorgebrachtes Wort schliesslich in der emphatisch gedehnten Form schlechthin an die Stelle der nicht emphatischen kürzeren Form getreten ist, davon ist ein bekanntes Beispiel der Bettlerruf baḫšīš! eigentlich nur im emphatischen Ruf aus baḫšîš gedehnt, dann aber überhaupt an Stelle des letzteren tretend. Ich denke, das was die Inder Pluti nennen, wird im Grunde hierher gehören. Vgl. noch GGA. 1878 S. 1240; Spitta, Gramm. § 30; Massaja, lectiones grammaticales S. 432 Anm. 1; auch die Erscheinungen der arab. Nudba gehören zum grossen Teil hierher.

§ 42a Nun finden sich aber im Hebräischen bekanntlich noch eine ganze Reihe von Formen, die in Pausa den Accent von der Ultima
b auf die Penultima „verschieben". Da wir annehmen mussten, dass man im Hebräischen wirklich schon in verhältnissmässig alter Zeit der Gestaltung der Satzschlüsse einige bewusste Sorge zugewendet hat, so können wir die Möglichkeit nicht ohne weiteres negiren, dass man in der Pausa die natürliche Accentstelle verlegt habe, lediglich aus einem gewissen lautästhetischen Wohlgefallen. Und wenn, wie längst erkannt ist, bei allen oder fast allen dieser Formen die Stelle des pausalen Accentes mit der älteren Accentstelle über-

einstimmt, so ist die Möglichkeit nicht ausgeschlossen, dass die Sprache eben jenem lautästhetischen Wohlgefallen die archaistische Betonung dienstbar gemacht habe. Und wenn man weiter fragt, wie und warum denn jene alte Betonung der Penultima in jenen Formen der jetzt üblichen Betonung der Ultima gewichen ist, so könnte man antworten, dass die im Hebräischen durch den Abfall auslautender Vokale weitaus herrschend gewordene Betonung der Ultima (wie sūsím aus sūsíma), allmählich auch andere Formen mit sich gezogen habe.

Ich wäre nicht in der Lage, diesen Annahmen einen entscheidenden Gegengrund entgegenstellen zu können. Gleichwohl glaube ich, dass sich die Sache anders verhält.

Es sind folgende Formen und Wörter, die je nach Context b
oder Pausa verschiedene Stellen betonen:

Die Verbalformen קְטֹ֫לִי—קִטְלִי; קָטָ֫לוּ—קָטְלוּ, קָטָ֫לָה—קָטְלָה, יִקְטֹ֫לוּ—יִקְטְלוּ, אֶקְטֹ֫לָה—אֶקְטְלָה, תִּקְטֹ֫לִי—תִּקְטְלִי; קְטֹ֫לוּ—קִטְלוּ תִּקְטֹ֫לוּ—תִּקְטְלוּ, נִקְטָ֫לָה—נִקְטְלָה. Bei denjenigen dieser Formenpaare, welche im Aramäischen ein formell entsprechendes Aequivalent haben, ist es durch die Uebereinstimmung des Aramäischen mit der hebräischen Pausalform längst klargestellt, dass letztere im Hebräischen als die ursprünglichere zu gelten hat. Es sind das zunächst sämmtliche Perfekt- und Imperativformen. Im Imperfektum hat das Aramäische zwar im Allgemeinen längere, den Accent auf sich ziehende Endungen angefügt; aber hin und wieder finden wir doch noch eine Form mit kürzerer Endung, und die zeigt dann ebenfalls die hebräische Pausalbetonung, so יֵאבַ֫דוּ Jer. 10, 11.

Dass die Betonungen יֶ֫חִי und יֶ֫הִי älter sind als die im Context entsprechenden Betonungen יְחִ֫י und יְהִ֫י, lässt sich aus dem Hebr. selbst mit Leichtigkeit erkennen.

Ebenso ist es aus dem Hebr. selbst klar, dass bei den Segolat- c
formen ult. y Betonungen wie פֶּ֫רִי, חֵ֫צִי, חֳ֫לִי älter sein müssen, als die entsprechenden Contextbetonungen פְּרִ֫י, חֲצִ֫י. חֳלִ֫י.

Vom Pronomen gehört hierher zunächst אָנֹ֫כִי—אָנֹכִ֫י. Da das d
Wort nach Ausweis der Schreibung אנך im Phönicischen, Moabitischen,

Altaramäischen den Accent sicher nicht nach dem k hatte, so wird auch im Hebräischen die Betonung אָנֹכִי als ursprünglicher gelten müssen (vgl. schon Nöldeke, Inschrift des Mesa S. 33). — Ueber die ursprüngliche Betonung der Form אֲנִי—אָנִי dagegen haben wir keine Zeugnisse. Die Form steht mit ihrem ausl. ī im Kreise der zunächst in Betracht kommenden verwandten Sprachen vereinzelt da. — Aber bei dem Pronomen אַתָּה—אָתָּה, אָתָּה wird wieder durch das Aramäische die Ursprünglichkeit der Pausalbetonung erwiesen.

Bei dem Suffix ךְ—ךָ, ךָ wird durch das ausnahmslose Schwinden des ausl. ā im Aram. sowohl beim Nomen wie beim Verbum mindestens wahrscheinlich gemacht, dass auch im Hebr. die pausale Betonung älter ist. Und bei הִנְנִי—הִנֵּנִי kommen zu den Gründen, die man aus dem Aram. herbeiholen kann, noch aus dem Hebr. selbst nahe genug liegende Gründe hinzu, um auch hier die pausale Betonung als älter zu erweisen.

c Ausserdem gehört hierher noch die Partikel nominalen Ursprungs עַתָּה—עָתָּה, עָתָּה *jetzt.* Wäre hier die Contextbetonung ursprünglich, so wäre עִתָּה zu erwarten. Und die von Barth, Hebraica XIII S. 10 f. weiter aufgestellte Ansicht, das angehängte betonte á müsse aus Gründen, die in der Bedeutung des Wortes liegen, der Artikel sein, kann nicht als zutreffend angesehen werden. Richtig ist, dass bei einer Partikel dieser Bedeutung ein determinirendes Element sehr naheliegend wäre. Aber keineswegs notwendig. Möglicherweise hat der Artikel einst vor עַתָּה gestanden, aber man liess ihn als entbehrlich fort, indem der nominale Ausdruck sich gleichzeitig hinreichend zur unmissverständlichen Partikel isolirte. Wo ist in ይእዜ ein determinirendes Element? Wo ferner in aram. כְּעַן, in dem spätarab. حالًا *auf der Stelle, sofort* (Dozy, suppl. I 340b, Spitta § 77 f, Vollers S. 128), wo in غدًا *morgen*, wo in אֶמֶשׁ *gestern*, die ihrer Bedeutung nach doch alle irgend welche Determinirung an sich tragen sollten? Es wird also wohl bei der alten Erklärung bleiben müssen, dass עָתָּה von עֵת durch die tonlose Endung ā abgeleitet ist. Und wenn man schliesslich noch den Einwand erheben wollte, dass עֵתָּה das einzige der mit der tonlosen Endung ā gebildeten Wörter sei, das durch Betonung der letzteren eine regelmässig gebrauchte, besondere Contextform ausgebildet habe, dass also das angehängte ā doch wohl anders beurteilt werden müsse, so wäre darauf zunächst zu erwidern, dass von dem Suffix כִי ja auch nur bei הכני eine besondere Contextbetonung neben der Pausalbetonung überliefert ist.

Wie ist es nun zu erklären, dass alle die genannten Formen und Wörter den Accent nur am Satzschlusse an seiner ursprünglichen Stelle auf der Penultima belassen, im Context dagegen denselben auf die Ultima verlegt haben? Ich denke, die Lösung dieser Frage ist durch die Forschungen auf indogermanischem Gebiete längst einigermassen nahegelegt: Der auf der Ultima entstandene Sekundäraccent ist eingetreten an Stelle der Tonlosigkeit, welche den betr. Formen und Wörtern vordem im Context eigen war und den alten Accent im Context vernichtet hatte. § 43a

Die bekannteste Parallele hierzu bilden die griechischen Präpositionen. Als Postpositionen gebraucht, also hinter ihrem Nomen stehend, am Ende des Sprechtaktes, haben sie ihren ursprünglichen Accent auf der Penultima bewahrt, z. B. *θεῶν ἄπο, τούτου πέρι*. Aber dem Nomen vorgestellt, waren sie für gewöhnlich*) proklitisch; und aus der Proklise entwickelte sich dann der Gravis der Ultima *ἀπὸ, περὶ*. Vgl. Hirt a. a. O. § 339, 341. Es ist ferner in einer ganzen Reihe von Verbal- und Nominalformen eine unerwartete und sonst unerklärliche Accentstellung als Sekundäraccent erkannt worden, und zwar in Folge älterer, durch tonlose Aussprache hervorgerufene Vernichtung des ursprünglichen Accents; s. Hirt § 26 u. 335.

Wie es sich mit der äusserlich gleichartigen, von Reinisch, Chamirsprache II S. 4, Anm. 2 angedeuteten Erscheinung im Chamir verhält, muss ich unentschieden lassen.

Mit solchen, durch den Satzaccent hervorgerufenen Accentvernichtungen, die den Boden ebnen für das Entstehen eines neuen, b

*) Fälle der Enklise des Nomens nach der Präposition: Hirt § 32 u. 338.

sekundären Accentes, haben wir es nun auch wohl im Hebräischen zu tun. Es wurde einst im Hebräischen nur das letzte Wort im Satze oder im Satzabschnitte von einem starken Accente getroffen, während die voranstehenden zur Tonlosigkeit neigten. Gleichviel ob man stellte Romulus condidit Romam, Romulus Romam condidit, Condidit Romulus Romam u. s. f., immer nur wurde im Hebräischen das letzte Wort von seinem Accente stark getroffen, während die beiden vorangehenden Worte je ihren Accent abschwächten und ganz verloren. Ich bilde ein hebräisches Beispiel: קטפה עתּה את־הפּרי *sie hat jetzt die Frucht abgepflückt.* Man betonte nur das letzte Wort: qaṭafā ʿattā ethappárī, bei Umstellung der Worte ʿattā ethappārī qaṭáfā, oder qaṭafā ethapparī ʿáttā. So entstand im Hebräischen bei allen Redeteilen ein nach der Stellung im Satze geregelter reger und lebendiger Wechsel zwischen betonter und tonloser Aussprache. Und die tonlos ausgesprochenen Formen und Wörter entwickelten dann allmählich einen Ersatz für ihren verlorenen Accent, nämlich einen zunächst ganz schwachen Accent auf der Ultima. Für die Bevorzugung dieser Stelle scheint lediglich der schon oben angedeutete Grund massgebend gewesen zu sein, dass durch Abfall auslautender Vokale die Betonung der Ultima überhaupt vorherrschend geworden war. So sprach man dann in der Folge: qaṭafā̀ ʿattā̀ ethappárī, ʿattā̀ ethapparī̀ qaṭáfā, qaṭafā̀ ethapparī̀ ʿáttā. Auf diese Weise entstanden dann die Contextformen mit veränderter Accentstelle, mit Sekundäraccent. — Falls zur Zeit dieser Formenspaltung bereits Dehnung kurzer Vokale in der Accentsilbe stattgefunden haben sollte, so kann diese Dehnung doch schwerlich auch bei den accentlos gesprochenen Formen am Anfang und im Innern des Satzes stattgefunden haben. Denn in diesem Falle wäre die in offener Silbe stattfindende starke Corrumpirung jenes Vokals beim Entstehen des sekundären Ultimaaccents kaum denkbar gewesen. Durch eben diese Corrumpirung einerseits und die Dehnung andrerseits sind schliesslich Contextformen und Pausalformen noch weiter auseinandergefallen. So ist z. B. aus ursprünglichem qᵉṭúlī *töte!* fem. die Pausalform qᵉṭólī entstanden, aber im Context hat sich dieses selbe qᵉṭúlī stufenweis entwickelt zu qᵉṭŭlī, qᵉṭŭlì, qiṭᵉlì — und zuletzt in qiṭᵉlí. Ebenso ist aus pắrī *Frucht* nach der einen Richtung hin pắ̈rī entstanden, nach der anderen Richtung hin pă̈rī, pă̈rì, pᵉrì — und zuletzt pᵉrí.

Mit diesem Wechsel von Accentuirung und Accentlosigkeit je nach der Stellung im Satze hängt offenbar noch eine ganze Reihe anderer Erscheinungen zusammen, die in jüngerer Zeit meist nur leicht verwischt, immer noch deutlich genug sprechen. Ich meine, dass man in Pausa beispielsweise sagt שָׁמֵעַ, im Context dagegen שָׁמַע: Unter dem Drucke des Accentes behauptete sich am Satzschlusse die ursprüngliche Form šamíʿ, aber zu Anfang und in der Mitte des Satzes wurde das unbetonte šamiʿ, dem Guttural nachgebend, zu šamaʿ. Ich wollte diesen, bisher recht ungeklärten Punkt hier nur andeuten, nicht ausführlich erörtern. Man wird aber das Angedeutete leicht auch bei anderen Formenpaaren anwenden können.

Bei denjenigen Verben, welche vermöge Wurzel- oder Stammbildung geschärfte Penultima zeigen, oder einen langen Vokal in der Penultima haben, weisen die oben erörterten Verbalformen in der Regel den Accent auch im Context an derselben Stelle auf, wie in Pausa. Schwerlich wird anzunehmen sein, dass derartige Verbalformen einst im Context nicht ebenso tonlos gewesen sein sollten, wie die übrigen. Vielmehr wird man zu derselben Zeit, da man betonte qaṭafā ethappárī, auch betont haben sabbū ethāʿír *sie umringten die Stadt*, nāmū šᵉnātám *sie schliefen ihren Schlaf*. Aber ich glaube, dass in Folge der natürlichen Schwere der Penultima der Sekundäraccent sich bei diesen Formen lieber auf dieser entwickelt hat, als auf der Ultima, dass wir es also mit einem Sekundäraccent zu tun haben, der zufällig an derselben Stelle steht wie der ursprüngliche Accent. Ich vermute also, dass aus tonlosen Contextformen wie sabbū, nāmū sowohl Formen wie sàbbū, nằmū, wie — seltener — Formen wie sabbù, nāmù hervorgegangen sind. Daher also dann das Schwanken: כִּי פַסּוּ אֱמוּנִים Ps. 12, 2, aber רַבּוּ עֲבָדִים 1. Sam. 25, 10; וְסֹבּוּ אֶת־הָעִיר Jos. 6, 7, aber רָנִּי עֲקָרָה Jes. 54, 1; קָמוּ בָנֶיהָ Prov. 31, 28, aber נָמוּ שְׁנָתָם Ps. 76, 6. Wenn ich recht sehe, so kommen bei den Imperfektis mit geschärfter oder langer Penultima Formen mit betonter Ultima gar nicht vor. —

§ 44a Und so wird bei der übergrossen Menge der Formen der Sekundäraccent an derselben Stelle haben entstehen müssen, wie der ursprüngliche. Nachdem z. B. sūsím, sūsṓt im Context tonlos geworden, wo hätte sich da der neue Accent bilden können, als wieder auf der Ultima? Aber es steht trotzdem zu vermuten, dass die durch den älteren Satzaccent zu erklärende Verschiedenheit der Accentstelle bei ein und demselben Wort und bei ein und derselben Form einst in etwas grösserem Umfange vorhanden war. Während wir in הִכֶּ֑נִי—הִכְּנִ֫י Context- und Pausalform durch den Wechsel der Accenstelle scharf gesondert haben, sollte da nicht anzunehmen sein, dass es bei קטלני u. a. m. einst ebenso gewesen? Wäre es ferner nicht denkbar, dass z. B. sūsí eigentlich nur die Contextbetonung gewesen sei, die ursprüngliche Betonung dagegen sū́sī (vgl. das Syrische)? Aller Wahrscheinlichkeit nach ist vielfach die eine der beiden Zwillingsbetonungen wieder verloren gegangen, sei es der noch lebenden Sprache selbst, sei es erst später der sich trübenden Ueberlieferung. Vielleicht beiden.

b Ich glaube, dass sich das in zwei besonderen Fällen noch ziemlich deutlich erkennen lässt. In zwei besonderen Fällen haben sich nämlich sonst durchaus aufgegebene contextuelle Betonungen erhalten, und zwar lebendig als Contextformen den entsprechenden, auf anderer Silbe betonten Pausalformen gegenüberstehend. Ich meine das Perfektum und Imperfektum mit ו conversivum. Weder der Unterschied der Bedeutung von der gewöhnlichen Bedeutung des Perfekts und Imperfekts, noch etwa das vorgesetzte ו in seinen verschiedenen Gestalten kann Veranlassung zu der sonst ungebräuchlichen Betonung gewisser Perfekt- und Imperfektformen im Contexte gewesen sein; vielmehr hat sich die lediglich durch den Satzaccent hervorgerufene Spaltung ein und derselben Form in eine Pausal- und eine Contextform mit verschiedenen Accentstellen sekundär an den charakteristischen Unterschied der verschiedenen Zeitstufen des Perfekts und der verschiedenen Zeitstufen des Imperfekts geklammert und hat sich, je die eine Zeitstufe nunmehr charakterisirend, bei je nur der einen Zeitstufe gehalten, während im übrigen die Contextform wieder geschwunden ist. — Man hat bei der Beurteilung dieser Erscheinung viel zu wenig die Tatsache im Auge behalten, dass die ungewöhnliche Betonung sich eben nur im Context findet, nicht auch in Pausa.

Ich meine also, dass קָטַלְתָּ֫–קָטַ֑לְתָּ, קָטָ֑לְתָּ, ferner קָטַלְתִּ֫י–קָטַ֑לְתִּי, c
קָטָ֑לְתִּי lediglich in dem Verhältniss von Contextform zu Pausalform zu einander stehen, nicht im geringsten anders als קָטְלָה֫–קָטָ֑לָה u. a. Beispielsweise geht in וְהָלַכְתִּ֫י אִתָּ֑ךְ *und ich werde mit dir gehen* die Verbalform direkt zurück auf das in folge seiner Stellung im Satze tonlos gewordene w^ehalaktī, aus dem es durch Entwicklung des Sekundäraccentes hervorgegangen ist; in וְהָלָ֑כְתִּי *und ich werde gehen* dagegen hat sich der Accent, gleichfalls in folge der Stellung im Satze, immer behauptet, und zwar immer an seiner alten Stelle.

Für gewöhnlich, d. h. wenn das Perfektum für die Zeitstufe der Vergangenheit steht, sind nun die Contextformen קָטַלְתָּ֫, קָטַלְתִּ֫י geschwunden und durch die Pausalformen*) vertreten worden. Nur dann wenn das Perfektum nach ו im futurischen Sinne gebraucht wird, hat sich jene alte Spaltung erhalten: Es ist ja verständlich, dass die Sprache leicht irgend ein lautliches Merkmal aufgriff, an das sie den schroffen Bedeutungsgegensatz anknüpfen konnte.

Allerdings hat die Sprache die sich darbietende Gelegenheit d
zur Differenzirung längst nicht im vollen Umfange ausgenutzt. Abgesehen davon, dass das einst sicher auch vorhanden gewesene קָטַלְנוּ֫ ganz und gar verschwunden ist, sagt man bekanntlich auch nicht וְעָשִׂיתָ֫ u. a. m. Auf diese und ähnliche Einzelheiten, für die es schwer sein dürfte, einen besonderen Grund zu finden**), soll hier nicht weiter eingegangen werden.

Nur auf die eine Tatsache sei noch kurz hingewiesen, dass nämlich die contextuelle Betonung der mit ו conv. versehenen Formen

*) Von der Möglichkeit, dass es vielmehr Nebencontextformen gewesen seien (qāṭàltā, qāṭàltī), die den Pausalformen glichen, kann abgesehen werden.

**) Vgl. Rev. ét. juiv. Bd. 20 S. 76 f.

קְטַלְתָּ und קְטַלְתִּי auch dann fast immer beseitigt worden ist, wenn durch Beibehaltung derselben zwei Wortaccente zusammenstossen würden, und zwar auch in den Fällen, wo die Gesetze des jüngeren Satzaccentes den Zusammenstoss der Accente anstandslos ertragen würden, sowie im langen Takte; z. B. וְעָבַדְתָּ לּוֹ אֶת־הָאֲדָמָה 2. Sam. 9, 10 *und du wirst ihm das Land bestellen.* (Hier rückweichenden Accent annehmen zu wollen, verstiesse gegen jede Analogie; s. § 22 c.) Auch hieraus dürfte zu folgern sein, dass wenigstens zur Zeit der Herrschaft des neueren Satzaccentes die Beibehaltung der Contextbetonung וְקָטַלְתָּ, וְקָטַלְתִּי immerhin nur als ein accessorisches Mittel galt, den Begriff der Zukunft zu markiren, auf das beim geringsten lautlichen Anstoss gern verzichtet wurde. — Beispiele der Beibehaltung der Contextbetonung beim Zusammenstoss der Accente, s. Jos. 15, 19, 1. Sam. 2, 35, 2. Sam. 15, 34, 1. Kön. 8, 46, Ez. 28, 12; 35, 3.

§ 45a Analog verhält es sich mit den Contextbetonungen וַיִּשָּׁאֶר, וַיְבָרֶךְ, וַיָּסָב, וַיֹּאמֶר, וַיֵּשֶׁב, וַיִּיצֶר, וַיָּקָם, וַיָּשֶׂם u. a. m. der Imperfekta mit ו conv. Man behalte wieder fest im Auge, dass — von Einzelheiten abgesehen — das alles eben nur Contextformen sind, denen in Pausa die Formen וַיִּשָּׁאַר, וַיָּסֹב u. s. f. gegenüberstehen.

b Wenn die bisher entwickelten Anschauungen über den Ursprung der Contextformen mit besonderer Accentstelle richtig sind, so ergiebt sich für die Imperfekta mit ו convers. daraus von selbst kurz folgendes: Beispielsweise in וַיִּשָּׁאֶר אַךְ־נֹחַ Gen. 7, 23 geht wayyiššā'är zurück auf das infolge seiner Stellung im Satze tonlos gewordene wayyiššā'är; ebenso in וַיֹּאמֶר יְהוָה לְנֹחַ geht wayyómär zurück auf tonlos gewordenes wayyōmär u. s. w. Nicht minder geht aber auch in וַיִּזְכֹּר אֱלֹהִים אֶת־נֹחַ das Verbum wayyizkór zurück auf tonlos gewordenes wayyizkor. Diese Imperfektformen mit ו convers., deren ursprünglicher Accent in der Contextstellung vernichtet worden war, haben allmählich im Context einen Sekundäraccent entwickelt, und zwar auf der Penultima, wenn diese offen, und die Ultima kurz war;*) andernfalls auf der Ultima, mit dem ursprünglichen Accent zusammenfallend. So entstanden dann einerseits Betonungen wie וַיִּשָּׁאֶר, וַיֹּאמֶר, וַיֵּשֶׁב — ganz wie מֶלֶךְ, קֹדֶשׁ, סֵפֶר —, andrerseits von neuem Betonungen wie וַיִּזְכֹּר. — Aber in Pausa blieb der Accent dauernd an seiner ursprünglichen Stelle bestehen, denn das letzte Wort des Satzes oder Satzgliedes wurde vom Satzaccent getroffen.

Das hier Gesagte hat einst sicher vom Imperfektum überhaupt gegolten, und zwar von beiden Modis desselben. Aber für gewöhnlich, d. h. wenn sich das Imperfektum nicht auf die Vergangenheit bezog, schwanden die Contextformen schliesslich wieder vor den pausalen. Nur in der Beziehung auf die Vergangenheit behaupteten sich die Contextformen des Imperfekts, diese ungewöhnliche Bedeutung, die tatsächlich bereits von dem ·וַ markirt wurde, noch schärfer hervorhebend.

Mag in dem ·וַ ein היה, ל, oder sonst etwas enthalten sein, ich sehe nicht, wie dies von Einfluss hätte sein können auf die Zurückziehung des Accentes im Context.

Nur einigemale hat sich ausserdem noch die Contextbetonung erhalten: תַּחַת Prov. 17, 10; namentlich im negirten Jussiv, wie אַל־תָּשֶׁב 1. Kön. 2, 20. Dazu kommt dann noch wiederholt der Imperativ הִשָּׁמֶר *hüte dich!* Aber beim negirten Jussiv und namentlich bei dem letztgenannten Imperativ ist es doch zweifelhaft, ob lediglich Contextformen vorliegen, ob wir es hier nicht vielmehr mit einer unmittelbaren Accentverschiebung zu tun haben, veranlasst durch die Emphase der Warnung. Vgl. Minor a. a. O. S. 64. So möchte ich auch beurteilen den Accent in אַלְלַי לִי Mi. 7, 1 *weh mir!* gegenüber von אַלְלַי לִי Hi. 10, 15.

---

*) Dass nicht bei allen Imperfektis mit ו conv., bei denen diese Bedingung erfüllt ist, die alte Contextbetonung vorhanden ist, fällt nicht ins Gewicht; z. B. וַיִּקָּבֵר 2. Kön. 16, 20.

—

Halle a. S., Buchdruckerei des Waisenhauses.

www.ingramcontent.com/pod-product-compliance
Lightning Source LLC
Chambersburg PA
CBHW020238090426
42735CB00010B/1746

* 9 7 8 3 7 4 3 6 5 7 3 1 1 *